"Dizem que, se você sabe de verdade do que está falando, consegue explicar de maneira simples. Na reta final da universidade, prestes a encarar a vida adulta, nossas finanças parecem uma corrida de obstáculos, que começa sem aviso, sem mapa, sem treino e sem alongamento. Convidei o Eduardo para um encontro na Universidade Federal do Triângulo Mineiro e ele lotou um auditório, deixando conosco sementes sobre a importância de manter um planejamento simples, de ter projetos emocional e numericamente concretos, e nos estimulando a falar sobre dinheiro. Também deixou a inspiração profissional que acontece quando se ouve alguém falar com paixão, atenção e interesse genuíno sobre alguma coisa. Seguimos cultivando as sementes que o Eduardo plantou por aqui."

— Júlia Scalon Manzan, **PSICÓLOGA E CONSULTORA ORGANIZACIONAL**

"O Eduardo Amuri faz uma coisa rara hoje em dia: senta e ouve. O resultado disso é que ele não cospe um planejamento pronto, mas sim ensina você a ouvir a própria voz e, assim, chegar a um planejamento sob medida para suas necessidades. Ele faz você perder o medo de entender seus gatilhos emocionais e as mentiras que conta a si mesmo para justificar seus deslizes. Nesse mundo onde tudo é maquiado por filtros, é de se valorizar alguém que ensina a ver as coisas que você tende a querer esconder."

— Luciano Ribeiro, **DESIGNER E PRODUTOR DE CONTEÚDO**

"Aprendi com o Amuri que a melhor maneira de não ficar sempre pensando em dinheiro – e sofrendo com isso – é, justamente, pensar em dinheiro. Antecipadamente, um pouquinho de cada vez."

— Ismael dos Anjos,
JORNALISTA E FOTÓGRAFO

"O Eduardo poupar ser as reservas ainda que os valores mensais oscilem, penso nas economias como um boleto para pagar todo mês."

— Juliana Guisilin,
CONSULTORA DE IMAGEM

"Eu sentia a necessidade de ter mais controle das minhas finanças e procurei o Amuri pela indicação de uma amiga. Ele me ajudou até na estruturação das prioridades que eu deveria encarar. Organizei meus gastos (na minha cabeça e no papel) e aprendi sobre investimentos. O processo foi respeitoso com o meu tempo e livre de qualquer julgamento das minhas escolhas de gastos. Afinal, como diz o Amuri, nunca falamos só sobre dinheiro quando falamos sobre dinheiro."

— Carol Velasco, GERENTE DE RELACIONAMENTO INSTITUCIONAL

"Minha atitude displicente em relação ao dinheiro precisava mudar, e o problema era que não sabia por onde começar. O Amuri me ensinou a planejar e a administrar adequadamente o meu dinheiro. Acho que todos deveriam ouvir sobre a importância de uma vida financeira saudável com a mesma atenção que ouvem sobre o corpo saudável. Para mim, isso é sinônimo de tranquilidade."

— Monica B. Long, PRODUTORA CULTURAL

"O Amuri ensina a pensar em dinheiro no meio da vida real, sem precisar olhar tanto para os números, mas muito para nós mesmos."

— Isabela Ianelli, PROFESSORA

"Estava completamente perdido, com os limites do cheque especial estourados e várias dívidas. Além disso, falar sobre finanças nunca foi um assunto simples para mim. A abordagem do Amuri, clara e simples, fez toda a diferença para que, logo no primeiro mês, a consultoria surtisse efeitos muito positivos. Hoje, com a reserva iniciada e todas as dívidas pagas, acredito que a consultoria tenha sido o melhor investimento que já fiz."

— Vitor Moreira Barreto, EMPRESÁRIO

DINHEIRO
SEM·MEDO

Eduardo Amuri

DINHEIRO SEM·MEDO

Práticas financeiras para quem está começando a construir seu próprio caminho

Benvirá

Copyright © Eduardo Amuri, 2016

Preparação Luiza Del Monaco
Revisão Mauricio Katayama e Laila Guilherme
Projeto gráfico e diagramação Caio Cardoso
Ilustrações e capa Fernanda Didini
Impressão e acabamento Edições Loyola

Dados Internacionais de Catalogação na Publicação (CIP)
Aline Graziele Benitez CRB-1/3129

A549d Amuri, Eduardo

Dinheiro sem medo: práticas financeiras para quem está começando a construir seu próprio caminho / Eduardo Amuri. – 1.ed. – São Paulo: Saraiva, 2017.
192 p.; il.; 16 x 23 cm.

ISBN: 978-85-5717-155-8

1. Educação financeira. 2. Planejamento financeiro. 3. Organização – finanças. 4. Dinheiro. I. Título.

CDD 332.041
CDU 336

Índices para catálogo sistemático:
1. Educação financeira
2. Planejamento financeiro
3. Organização: finanças

1ª edição, 2017 | 3ª tiragem, março de 2018

Nenhuma parte desta publicação poderá ser reproduzida por qualquer meio ou forma sem a prévia autorização da Saraiva Educação. A violação dos direitos autorais é crime estabelecido na lei nº 9.610/98 e punido pelo artigo 184 do Código Penal.

Todos os direitos reservados à Benvirá, um selo da Saraiva Educação, parte do grupo Somos Educação.
Av. das Nações Unidas, 7221, 1º Andar, Setor B
Pinheiros – São Paulo – SP – CEP: 05425-902

 0800-0117875
De 2ª- a 6ª-, das 8h às 18h
www.editorasaraiva.com.br/contato

EDITAR 16575   CL 670483   CAE 621926

Sumário

Agradecimentos, 10
Introdução, 12

PARTE I
Nossa relação com o dinheiro, 16

1. Não temos escolha: precisamos lidar com dinheiro, 17
   Outro modo de enxergar o dinheiro, 20
2. Lidar bem com o dinheiro não é anotar todos os gastos, 23

PARTE II
O planejamento financeiro, 28

3. Como começar um planejamento financeiro, 29
   Uma fotografia da nossa vida financeira atual, 33
   Mas eu não preciso anotar todos os gastos?, 41

4. Como fazer um planejamento financeiro que beneficie sua vida, 42
   Um primeiro olhar sobre suas despesas, 42
   Não mude sua vida financeira do dia para a noite, 45
   Como colocar o planejamento financeiro em prática, 47
   O dinheiro de papel, o variável da semana e a sensação de pobreza ou riqueza, 53
   Comece a qualquer momento, 57
   Sobre incorporar inteligência financeira em nossa vida, 61
   De onde vem o resultado que esperamos?, 65

5. Coisas que podem acontecer com seu planejamento financeiro, 68
   Como lidar com os imprevistos, 69
   A falta de energia para lidar com as finanças, 71
   Passe a mandar no jogo: como incorporar seus sonhos ao planejamento, 74

6. Os motivos pelos quais os planejamentos falham, 79
   Complexidade, 79
   Excesso de rigidez, 80
   Falta de organização na vida, 81
   Falta de motivo para o planejamento existir, 83

7. Como aumentar drasticamente a chance de sucesso do seu planejamento, 85

Automatizar as ações benéficas, 85
Eliminar cascas de banana (em vez de desviar delas), 87

PARTE III
Vidas possíveis, 90

8. Inteligência financeira com os pés no chão, 91

Luana, 29 anos, designer gráfica, mineira boa de festa, 94
Rafaela, 34 anos, historiadora, "foco, foco, foco", 95
Martim, 27 anos, doutorando, da cidade pequena para a selva de pedra, 97
Julia, 25 anos, paulistana, sempre atrás das lentes, 99
Vinicius, 31 anos (ou 30), trilha sonora de vida simples, 100
Aninha, 23 anos, sempre com a mochila atrás da porta, 102
Bruna, 32 anos, expatriada saudosa de Minas Gerais, 104
Gustavo e Thiago, 32 e 30 anos, drinques e risadas, muitas risadas, 106
Carol, 19 anos, um passo de cada vez, 108
Lorena, 28 anos, reorganizando tudo e vivendo melhor, 110
Benjamin e Raquel, os dois com 30, muita sintonia e pouca logística, 112

PARTE IV
Questões da vida real, 116

9. Cartão de crédito: um pedaço de plástico que realiza sonhos (e cobra por isso), 117

O velório da previsibilidade, 123
As milhas de presente (ou "O biscoito pelo bom comportamento"), 125
Utilizando o cartão de crédito como um aliado, 127

10. Investimentos, 129

O jogo, na prática, (quase) sem palavras difíceis, 131
A planilha do primeiro milhão, os juros compostos e a inflação, 137
Previdência privada (e uma tentativa de blindar nossa velhice), 140
Títulos de capitalização, 146
A poupança vale a pena?, 148

11. Um teto pra chamar de meu, 150

O que vale mais a pena: comprar ou alugar?, 150
Os números por trás do "compra ou aluga" e o que eles nos dizem, 153
Um conselho de coração para quem quer comprar ou alugar, 159

12. Dinheiro a dois, 163

> Sobre as dinâmicas que o dinheiro esconde ou evidencia, 163
> Como um casal pode lidar com o dinheiro, na prática, 164
> A solidez, as qualidades complementares e o dinheiro, 169

13. Dívidas, 174

> O que é uma dívida e quem é o endividado, 174
> Encarando uma dívida dolorida, 176
> Vale a pena deixar uma dívida para lá?, 180

14. Duas práticas rápidas para repensar sua vida financeira, 184

> Precifique seus sonhos, 184
> Explique sua vida financeira para alguém em um minuto, 186

15. Como seguimos daqui?, 188

Boas referências para leitura, 192

AGRADECIMENTOS

Este livro não é meu. Cada palavra, cada frase, cada página é fruto da generosidade e abertura das pessoas que compartilharam detalhes de suas vidas comigo.

Agradeço à Gabriela, primeira leitora, companhia de todas as horas, por me lembrar de escrever para todos – e não apenas para os que, de certa forma, têm mais condições. Obrigado por toda a compreensão, por manter as contas pagas, o Jorginho alimentado e a louça limpa, enquanto eu seguia imerso em parágrafos, títulos e subtítulos. Dividir a vida com você é maravilhoso.

Ao Ismael, que me demoveu da ideia de escrever este livro como se fosse um grande texto para a internet, pegou uma folha de papel em branco e estruturou os capítulos com toda a clareza do mundo. Não sei como teria feito sem sua ajuda.

Ao Fabio Sanchez, amigo e confidente financeiro. A simplicidade e a clareza com que você encara a vida são uma inspiração para mim. Os encontros no meio da semana, repletos de café e mercado financeiro, são aguardados com ansiedade.

A todos que estão por trás do portal Papo de Homem, espaço de troca e reflexão extremamente raro e precioso, pelo qual sou extremamente grato. Um agradecimento especial aos editores que cuidaram

É provável que você não conheça nenhuma das pessoas citadas nas duas primeiras páginas deste livro. Não tem nenhum grande empresário, nenhum dono de fundo de investimentos, nenhuma celebridade, nenhum milionário. É gente que tem dias ótimos e dias bem difíceis, que às vezes gosta do emprego, às vezes não, que às vezes dá conta de manter a vida financeira ajeitada e às vezes fica com medo de abrir a fatura do cartão de crédito. São pessoas incríveis e comuns, iguais a mim e a você. Elas provavelmente não aprenderam a lidar com o dinheiro quando eram adolescentes. Talvez tenham recebido mesada em algum momento da vida, talvez nem isso. A maioria foi arremessada na vida adulta sem manual de instruções.

Sem exemplos ou referenciais, acostumados a enxergar o dinheiro como algo misterioso e obscuro, nós de repente nos encontramos em uma situação delicada. Não temos base, linguagem, nem com quem conversar. Vamos nos virando do jeito que dá. Pegamos uma dica aqui, outra ali, perguntamos algo para o gerente do banco e torcemos para que ele nos responda de maneira idônea e imparcial (o que nem sempre acontece). Em um momento mais ambicioso e pragmático, talvez a gente caia no erro de acreditar que basta ganhar mais. Se isso fosse verdade, os milionários não sofreriam por dinheiro. Presto consultoria para pessoas que recebem pouco mais de dois salários mínimos por mês, se dizem satisfeitas e felizes com a vida financeira que levam, mas estão buscando apoio para realizar um projeto mais específico, como uma viagem, uma transição profissional ou um planejamento mais refinado para

Por mais que a gente ache que nossas questões financeiras são únicas, acredite, elas são comuns. Muda a roupagem, o detalhezinho, mas no fim do dia está todo mundo tentando ser feliz

a aposentadoria. Também presto consultoria para pessoas que recebem um salário capaz de comprar um carro popular por mês e que se dizem constantemente preocupadas, ansiosas e angustiadas com a própria vida financeira. Ganhar mais não basta. Anotar todos os gastos em uma planilha colorida também não.

Este livro nasce da minha crença de que as respostas não estão com os especialistas. Não precisamos do formalismo, da matemática complicada, dos gurus engravatados, nem dos aplicativos complexos que geram gráficos tridimensionais. Precisamos de bom senso, de clareza, de dados que nos digam algo e de bons parceiros, dispostos a uma conversa desarmada e pé no chão. Hoje o dinheiro é um tabu. Gostamos de espalhar por aí que vivemos em tempos modernos, mas a verdade é que, quando o assunto é dinheiro, nossa desenvoltura simplesmente desaparece. Guardamos todas as nossas dúvidas, desconfortos e inadequações a sete chaves e nos vemos obrigados a adotar uma postura forçada, de fachada, de quem sabe o que está fazendo, quando na realidade estamos meio perdidos. Falamos pouco e, quando falamos, partimos de um ponto nebuloso, cheio de autoengano. Tem aqueles que fogem do extrato, os que morrem de vergonha de contar para os amigos que o salário acaba na metade do mês, os que têm muita grana e escondem por medo da inveja alheia, os que guardam, guardam, guardam e se sentem incapazes de desfrutar, os que sempre gastam tudo o que têm e os que se sentem tão incompetentes no assunto, mas tão incompetentes, que preferem fingir que não ligam.

Uns acreditam que precisam de mais dinheiro, muito mais, outros só querem quitar as dívidas, outros acham que o lance é comprar uma casa bonita, outros que não há coisa melhor do que colocar a mochila nas costas e sair pelo mundo. Por mais que a gente ache que nossas questões financeiras são únicas, acredite, elas são comuns. Muda a roupagem, o detalhezinho, mas no fim do dia está todo mundo tentando ser feliz. Independentemente de qual é a aposta – o monte de dinheiro, a quitação das dívidas, a casa ou a volta ao mundo –, todos nos beneficiaríamos de *inteligência financeira*.

As próximas páginas são um convite para que você repense a maneira como enxerga o dinheiro e o papel que ele exerce na sua vida. Essa reflexão é fundamental, sobretudo num momento em que você está começando a cultivar sua independência. Mais do que trazer fórmulas fechadas e frases feitas, o objetivo aqui é ajudá-lo a descobrir o que funciona para você. Enquanto na Parte I trabalharemos com questões mais teóricas, ligadas à nossa relação com o dinheiro, nas demais nos debruçaremos sobre a realidade. Dos pequenos dilemas que surgem quando estamos colocando no papel o fluxo das nossas finanças (Parte II) às questões estruturais ("compro ou alugo?", "uso cartão de crédito ou não uso?", "vale a pena colocar dinheiro na poupança?"), que vão ser destrinchadas na Parte IV. Na Parte III, minha preferida, você terá a oportunidade de se aventurar pela vida financeira de 12 pessoas. Não são personagens cuidadosamente montados para servir de exemplo, são pessoas comuns, com realidades fascinantemente comuns, que estão errando e acertando todos os dias.

Considere a leitura como um começo. Abra espaço, pesquise, busque outras fontes, converse com os amigos, coloque o assunto na mesa. Se nossos dilemas e entraves são todos muito parecidos, por que insistimos em buscar respostas sozinhos?

Espero, de coração, que o livro traga muitos benefícios.

Seguimos.

PARTE I

NOSSA RELAÇÃO COM O DINHEIRO

1. Não temos escolha: precisamos lidar com dinheiro

Se este fosse um livro sobre elefantes, eu provavelmente me preocuparia em gastar boas linhas explicando por que você deveria se interessar pelas próximas páginas, dizendo que elefantes são fascinantes e que, se você ainda não tem plena convicção disso, está por fora. Enumeraria argumentos, contaria meia dúzia de curiosidades e encorparia meu texto com relatos. Alguns desses relatos seriam escritos por donos de santuários, gente experiente, que convive com elefantes todos os dias, e outros seriam escritos por gente mais comum, que viu elefantes duas ou três vezes na vida, mas que tem uma queda sincera pelo bichinho e enche o olho d'água só de ver aquele corpo imenso, trombudo e finalizado em marfim. Mas, sendo este um livro sobre finanças, não preciso de grandes justificativas. Fico livre da missão simplesmente porque não temos escolha: precisamos lidar com dinheiro.

Não preciso encorpar o texto com relatos de gente milionária, tampouco pedir para a turma que está na batalha, contando moeda para comprar pão, escrever alguma coisinha. Você precisa lidar com dinheiro, o milionário precisa lidar com dinheiro, o cara que conta moeda precisa lidar com dinheiro, todo mundo precisa lidar com dinheiro. Ele perpassa as diversas áreas da nossa vida, exercendo influência direta ou indireta, servindo de <u>entrave, de catapulta, de corrimão,</u> enfim, travestido de qualquer uma das inúmeras facetas que ele é capaz de assumir.

É provável que você já tenha experimentado o impacto de cada uma das três roupagens que citei acima. O *entrave* é, talvez, a mais popular e dolorida. Na maioria das vezes (mas não em todas), ele surge quando existe a falta. Basta que tenhamos um desejo legítimo cuja realização dependa de um montante de dinheiro que não possuímos nem temos perspectiva de possuir. Uma viagem, um carro, uma grande mudança de vida. Alguém que quer muito sair da casa dos pais, mas não consegue bancar um aluguel. Alguém que tem o sonho de ter um cachorro, mas não tem condições de arcar com os vários pequenos gastos. Alguém que sonha conhecer a Europa, mas não tem nem ideia de quando terá dinheiro suficiente para isso. Todas essas pessoas estão experimentando o dinheiro sob a forma de um entrave. O entrave pode se dar de maneira bastante direta – ou seja, pode simplesmente faltar dinheiro para comprar tal coisa –, mas a associação também pode ser mais rebuscada, menos linear. Pode faltar dinheiro para se dar ao luxo de não pensar em dinheiro, por exemplo. É o caso da pessoa que gostaria de mudar de profissão, mas não consegue se dedicar ao estudo de uma nova área porque está constantemente se dedicando a ganhar dinheiro (ou descansando para, no dia seguinte, ter condições de correr atrás de seu sustento outra vez).

Somos bombardeados por propaganda de supérfluos o tempo todo. Mil produtos, mil coisinhas. A exposição faz com que nosso entendimento sobre o dinheiro seja menos profundo do que poderia ser, e corremos o <u>risco de enxergá-lo como um mero provedor de luxo e conforto. Talvez nos escape a percepção de que podemos, por exemplo, comprar a liberdade de fazer e refazer escolhas. Mais do que isso, talvez a gente não perceba que, de maneira figurada, o dinheiro compra tempo.</u>

É importante termos clareza de que o entrave não surge apenas na ausência. É bem mais complexo que isso. O dinheiro também pode atuar como um entrave quando se torna o centro e o objetivo único de um projeto ou da vida de alguém. Não é raro nos enxergarmos numa posição em que o medo de perder e a vontade de acumular são tão grandes, mas tão grandes, que não temos coragem de dar um passo. Coisas incríveis são deixadas para trás quando levamos em consideração apenas o aspecto financeiro.

Coisas incríveis são deixadas para trás quando levamos em consideração apenas o aspecto financeiro

Se em alguns momentos o dinheiro nos paralisa, em outros nos arremessa, funcionando como uma *catapulta*. O dinheiro tem a capacidade de potencializar nossas ações. Pense, por exemplo, em alguém que quer aprender alemão. Se não tem nenhum dinheiro disponível, pode estudar pela internet. O caminho é gratuito, porém árduo, cheio de percalços. Se tem algum dinheiro sobrando todos os meses, é possível pagar um curso presencial, regular, com professores qualificados, espaço para tirar dúvidas e horários predeterminados para o estudo. É provável que, dessa forma, caminhe a passos mais rápidos do que o faria caso estudasse por conta própria. No entanto, se tivesse uma bela reserva financeira à disposição, poderia passar uma temporada na Alemanha. Viveria a cultura, respiraria alemão 24 horas por dia e, indiscutivelmente, viveria uma experiência mais impactante e proveitosa.

Aprender alemão, cultivar uma relação melhor com o corpo, ajudar uma instituição, se tornar uma pessoa mais interessante, criar uma pequena empresa. É possível fazer tudo isso com pouco (ou nenhum) dinheiro? Claro que sim. Mas é inegável a maneira com que todos esses projetos poderiam se beneficiar de um potencial financeiro bem aplicado.

Algumas situações, porém, não carecem de impulso. Elas têm seu curso natural, seu próprio ritmo, não adianta apressar. Nessas situações, o dinheiro pode servir de *corrimão*. Pense em um sujeito que está confuso, sem saber muito bem qual rumo dar para a vida. Terminou a faculdade, tem um emprego razoável, mas sente que em uns dois ou três anos gostaria de trabalhar com outra coisa ou talvez morar em outro lugar. Aqui, o dinheiro (e a inteligência financeira) entra como suporte. Em primeiro lugar, da forma mais óbvia e fundamental, bancando a vida, o dia a dia, com um nível mínimo de conforto e tranquilidade, mantendo a louça limpa enquanto um plano mais claro não é definido. Em segundo lugar, possibilitando pequenas investidas e experimentações. Um mês de férias em outro país, um curso de final de semana, um novo hobby. Movimentos que, talvez, culminem em uma vida que nosso personagem julga mais interessante.

É possível, claro, se esconder atrás de um sonoro "eu não ligo para dinheiro", mas esse discurso não se sustenta – a imprevisibilidade da vida trata de criar situações em que não conseguimos nos safar com um discurso de isento, de quem não se importa. Mesmo quando optamos por uma relação distante com o dinheiro, desapegada, que não analisa nem contesta, seguimos nos relacionando com ele. Fazendo um paralelo com o mundo da moda, é comum escutarmos, por exemplo, que nossa imagem diz bastante sobre quem somos. Se eu saio pela rua largado, com uma camiseta suja de café e uma barba desgrenhada, achando que estou sendo subversivo e contrariando o sistema, estou me enganando. Minha imagem continua dizendo bastante sobre quem sou. Aliás, está berrando. Negar relação com a própria imagem já é uma maneira de se relacionar com ela.

Outro modo de enxergar o dinheiro

Vamos desenhar um cenário hipotético, porém bastante possível. Você sai de casa às oito horas da manhã. Desce até o subsolo, entra no carro que te transporta, mesmo não tendo a menor ideia de como um motor funciona. No caminho para o trabalho, para na padaria. Como se fosse mágica, sem que você tivesse que se preocupar em fazer uma massa de ovo e farinha, um pão com manteiga surge na sua frente. Você sai da padaria e continua dirigindo. No caminho, parado no farol, um rapaz limpa o vidro do carro. Na empresa, você encara uma lista de problemas que não eram seus, mas que agora são. Dispensa, em função deles, uma atenção que poderia ser dada aos seus amigos, à sua família ou a um passatempo qualquer. À noite, encontra alguns amigos em um bar. Levanta a mão, e um garçom vem até a mesa. Você diz o que quer, e em poucos minutos um prato surge na sua frente. Volta para casa, vê um seriado. Na TV, pessoas bonitas fingem ser outras pessoas. Decoram falas, encenam para te fazer rir. Poucos minutos depois, você dorme.

Esse foi seu dia. Um dia ordinário, sem grandes acontecimentos. Eu convido você, porém, a pensar com calma em tudo o que aconteceu: você fez com que um cara saísse de casa, assasse alguns pães, cortasse, passasse manteiga e te servisse. Mobilizou centenas de operários para que juntassem parafusos e pedaços de metal em uma fábrica abafada e construíssem um carro para você. À noite, você sentou feito rei e foi servido como tal – era só levantar a mão. Por fim, pessoas encenavam fatos engraçados na sua frente. Montes de energia movidos a seu favor, por conta de um artefato mágico que você, eu, o padeiro e o ator carregamos no bolso.

Nossa relação com o dinheiro se conecta com uma série de aspectos da nossa vida, uns bem práticos e diretos, outros bem sutis. As mesmas aflições que sentimos ao andar pelo shopping aparecem no nosso ambiente de trabalho, no nosso círculo de amizades e na maneira como nos posicionamos perante as discussões do dia a dia. A mente angustiada e ansiosa que não se controla e gasta mais do que deve na loja de eletrônicos é a mesma que não deixa o outro terminar de falar, não escuta, não relaxa. Quando recebemos uma bonificação da empresa em que trabalhamos, imediatamente surgem necessidades imprescindíveis, vontades inadiáveis, é quase uma agonia. É a mesma sensação de urgência que nos acomete quando executamos uma tarefa e o reconhecimento não vem. Se já trabalhamos tanto, se sofremos tanto, parece natural nos julgarmos merecedores de um agrado. Considerando o dinheiro como uma ferramenta de apoio para a vida, faz muito sentido tentar entender como nos relacionamos com ele atualmente.

Uma boa relação com o dinheiro não necessariamente significa ter tudo organizado, embora ter algum tipo de controle seja um ótimo ponto de partida. Precisamos olhar com atenção para tudo o que está ao nosso redor. Precisamos identificar se estamos investindo os recursos que recebemos na direção em que desejamos que nossa vida caminhe. Podemos fazer um exercício bobo (e dolorido) para começar a pensar no assunto. Estime quanto dinheiro você ganhou no ano anterior. Você pode fazer uma conta simples, multiplicando seu salário por 12, ou pode dar uma olhada no seu imposto de renda. Vamos supor que, nos 12 meses passados, você tenha recebido R$ 36 mil (R$ 3 mil por mês). Desse montante, quanto você aplicou na realização de sonhos, de coisas que você sente que contribuíram para seu desenvolvimento, que valeram a pena? Quanto do que você recebeu foi aplicado de modo a servir de base para o caminho que você quer seguir? Quanto foi empregado na manutenção do seu padrão de vida, para que o seu teto fique onde está e para que você se mantenha estável?

Para onde foi esse dinheiro?

Para onde está indo seu trabalho?

> 850 × 12 =
  + Janas

> Casa
  Transp.
  Mercado

> Viagens
  Cursos

> Confortinhos < Net
                \ Spot

2.
Lidar bem com o dinheiro não é anotar todos os gastos

Sejamos sinceros por aqui: se você tivesse que descrever para alguém o que vem à sua mente quando lê as palavras "planejamento financeiro", sua resposta muitíssimo provavelmente passaria por planilha, aplicativo de celular, anotação de gastos, restrição, controle, resignação, preguiça e outros termos correlacionados.

Esse é um entendimento bastante equivocado e comum, em muito provocado pela crença de que nossa relação com o dinheiro – e, consequentemente, com o hábito de planejar – é uma questão isolada, não incrustada em nossa rotina de maneira permanente e irremediável. Caímos facilmente na falácia de que o planejamento é algo criado por e para gente organizada, certinha e pragmática, que anota cada compra de pãozinho, que consome pilhas e pilhas de livros sobre educação financeira e que não vê a hora de juntar o primeiro milhão. Não é bem por aí. Pense, por exemplo, na organização de um churrasco: se não houver uma preparação prévia, há grandes chances de alguém ficar sem picanha. Quando nos afastamos das movimentações mais pontuais e nos atentamos para as atividades do dia a dia, a afirmação se mantém: se você está minimamente saudável e vive em sociedade, você já se planeja. Você possui roupas limpas e adequadas para o clima que faz em sua cidade, você provavelmente comeu algo nas últimas quatro ou cinco horas, você sabe que terá roupas para vestir amanhã e sabe que comerá algo novamente nas próximas quatro ou cinco horas. Mesmo que de maneira intuitiva e rudimentar, você lida com pequenos planejamentos com muita frequência – e sabe fazer isso, caso contrário já teria entrado em colapso.

Parece um contrassenso termos tanta repulsa por algo tão presente na nossa vida, mas é justificável. Quando vacilamos com o planejamento da nossa alimentação, no geral, conseguimos dar um jeitinho, gastamos um pouco mais, comemos um fast food qualquer, enfim, nos viramos. Quando vacilamos na escolha do vestuário, também, passamos um pouco de frio ou de calor, mas, vá lá, dá para seguir sem grandes dores de cabeça. Com os números, as coisas não são tão tranquilas. Na verdade, eles são bastante frios e precisos, não aceitam argumentação. Em se tratando de questões subjetivas, a gente consegue se enganar aqui e ali, dizer que fez quando não fez, dizer que leu quando não leu. Quando partimos para os números, entretanto, a coisa é na lata. Ou faltou dinheiro ou sobrou dinheiro. Ou tem grana ou não tem grana. Ou está no cheque especial ou não está no cheque especial. Ou estourou o limite do cartão ou não estourou o limite do cartão.

Nós nos beneficiaríamos muito da exposição precoce ao tema. Com alguma sorte, nos deparamos com a elaboração de um planejamento financeiro aos 20 e poucos anos, e isso é algo bem cruel. É como entrar em quadra em um jogo valendo classificação sem ter tido a oportunidade de arriscar uns arremessos no treino. A chance de sucesso é bem pequena.

A gente vai crescendo e, de um jeito ou de outro, é catapultado para dentro de um sistema financeiro bem maluco. A catapulta de uns é mais macia, mais gostosinha, tem paraquedas pra não se esborrachar no chão, e a de outros está mais para uma arma russa, com cadeira de pregos enferrujados e tudo o mais, mas não é esse o ponto por aqui. De todo modo, a verdade é que, de uma hora para a outra, a gente se vê obrigado a planejar o uso do nosso dinheiro, a entender como as coisas funcionam, a se inserir nesse universo – e, na enorme maioria dos casos, a gente dá com a cabeça na parede muitas vezes, sofre um bocado e chega ao auge da vida adulta (ou da velhice) sem entender muito bem como lidar com tudo isso.

A busca por ferramentas engenhosas – sites ou aplicativos de celular, por exemplo – é um caminho bastante comum, porém ineficiente e, em muitos casos, frustrante. Tomar por base uma fórmula fechada, passo a passo, que funciona para todos os casos, é partir da premissa bastante equivocada de que todos lidamos com o dinheiro da mesma forma. As soluções prontas geralmente oferecem uma enxurrada de dados que, em sua maioria, tem utilidade questionável. É dessa pequena bagunça que surge a falsa impressão de que um planejamento financeiro tem que ser complexo, gerar gráfico pizza e insights diários.

Neste exato momento, você está lendo um livro sobre finanças com quase 200 páginas. Mesmo se seu ritmo de leitura for lento, em uns poucos dias você terminará. Enquanto você participa dessa narrativa, sua atenção está bastante focada no aspecto financeiro. Mas o livro vai acabar e você vai retomar o seu dia a dia, com todas as dores e delícias de toda rotina. O aspecto financeiro vai perder um pouco da sua atenção. Você voltará a ter pouca disponibilidade emocional e cognitiva para o assunto.

> A busca por ferramentas engenhosas – sites ou aplicativos de celular, por exemplo – é um caminho bastante comum, porém ineficiente na maioria dos casos

Diante disso, ter um planejamento complexo se mostrará uma completa furada. Você vai sentir preguiça só de pensar em dar uma olhada na planilha multicolorida ou nas projeções tridimensionais geradas pelo aplicativo. Faz todo o sentido investir tempo em um método simples, muito simples, que tome pouco da sua atenção e comprometimento e que seja útil e funcional mesmo nos dias em que estamos exaustos, sem cabeça para pensar em dinheiro.

Assim, é importante que a gente encare as metodologias de planejamento financeiro como uma base, bem maleável, e não como uma verdade absoluta, que precisa ser seguida com afinco, detalhe por detalhe. Tenha em mente que existem infinitos caminhos para se chegar ao mesmo lugar – o roteiro detalhado na Parte II deste livro, por exemplo, é um deles, e é bastante eficiente, na minha opinião. É muito importante que você se sinta livre para adaptá-lo ou até mesmo para criar o seu, do zero. Caso contrário, acredite, você deixará tudo de lado bem rapidamente. Um planejamento com falhas, que você sente que é seu, é muito melhor do que um planejamento perfeitinho, impecável, do qual você não se empodera, não faz uso e não transforma em ferramenta útil para tornar sua vida melhor.

Tome seu tempo e desconfie dos atalhos. Atualmente, existe uma série de aplicativos que são capazes de, a partir de um extrato bancário, por exemplo, realizar uma categorização dos gastos em coisa de dois ou três minutos. Existem duas maneiras de encarar essa facilidade. A primeira é pensar que ela nos poupa um baita trabalho. É a mais popular e, ao meu ver, um pouco ingênua; afinal, um extrato categorizado não serve pra grandes coisas. Soltar um "descobri que gasto muito em lazer" e não partir para uma reflexão mais aprofundada em cima desse gasto é inútil. A segunda maneira de encarar essa funcionalidade, que me soa mais realista e adequada, é considerando que, mais do que nos poupar trabalho, ela nos priva da raríssima oportunidade de olhar, com calma, para os serviços, produtos e experiências nos quais estamos empregando nosso dinheiro e, consequentemente, nosso tempo. Essa privação é bem perigosa, especialmente se levarmos em conta a pouquíssima disponibilidade que, em geral, temos para lidar com nossa própria vida financeira.

Não adianta termos muitos dados, sabermos quanto gastamos com balas, arroz e ingressos de cinema, se o processo de organização e curadoria desses dados não for, por si, fagulhas que em determinado ponto funcionarão como impulso para mudança. Sozinha, a planilha colorida é inútil. O processo de planejamento, em última instância, deve ser um percurso de reconexão com nossas emoções. É um momento precioso, uma chance para que repensemos todas as áreas da nossa vida.

> **O processo de planejamento, em última instância, deve ser um percurso de reconexão com nossas emoções**

Sendo assim, cabe aqui um lembrete muito importante: seja carinhoso com você mesmo. Se sua vida financeira é uma baderna ou se você não faz ideia de como começar a lidar minimamente com esse assunto, não se culpe. Você teve suas experiências, recebeu conselhos, tropeçou, fez seus gols e está dando seu melhor. Parta sempre desse pressuposto. Esse ponto vai ser bem importante na hora de lidar com os imprevistos que fatalmente acontecerão. Se você não estiver munido de uma boa dose de autocompaixão, é bem provável que entre em uma espiral de frustração. No geral, quando nos sentimos frustrados, chutamos o balde. E é aí que péssimas movimentações financeiras acontecem – uma compra despropositada, um "sabático de extrato bancário", um financiamento imenso e desnecessário...

❉ ❉ ❉

Na Parte III, você encontrará uma série de relatos sobre a vida financeira de pessoas reais, que foram entrevistadas especificamente para este livro. Como se organizam, com o que gastam, quanto ganham, quais angústias sentem, enfim, um perfil completo. Algumas dessas pessoas enfrentam dilemas parecidos com os que você já enfrenta ou enfrentará, especialmente se optar por seguir, de fato, o processo descrito nas próximas páginas. Sempre que eu estiver explicando uma etapa que me remeta a algum desses relatos, eu aviso com uma breve explicação à margem do texto. Fica muito mais claro quando a gente consegue ver as coisas implementadas, postas em prática. Sinta-se livre para dar uma escapada quando quiser – os perfis começam na página 94.

Por enquanto, tudo o que precisaremos é de papel e caneta. Gosto de usar uma folha de sulfite A4 ou A3, para que os dados fiquem bem espaçados, mas fique à vontade para fazer da forma que preferir.

PARTE II

O PLANEJAMENTO FINANCEIRO

3.
Como começar um planejamento financeiro

Quando eu era criança, minha mãe trabalhava como professora de educação infantil e me cobrava a respeito dos estudos. Certa vez, numa tarde de preguiça, aleguei que não estudaria porque não tinha o caderno que ela havia prometido comprar para mim. Era só (mais) uma desculpa esfarrapada. Tínhamos papel e cadernos usados em todos os cantos, e eu poderia pegar qualquer um e utilizar as folhas em branco. Eu estava me enganando. A resposta dela veio bruta: "Quem quer estudar escreve até em rolo de papel higiênico". Rebato com esse raciocínio sempre que alguém diz que não começa a poupar porque não sabe onde investir, que não se organiza porque não sabe utilizar o Excel, ou que está esperando receber um salário maior antes de começar a pensar em um planejamento mínimo. A palavra que explica essa postura é autossabotagem. Na prática, o planejamento financeiro é uma sucessão de fazer, analisar, refinar e fazer de novo. Para colocar a mão na massa, não faz sentido esperar.

Antes de entrar nos dilemas comuns ("continuo utilizando o cartão de crédito?", "rola continuar gastando o que eu gasto em bares e festas?", "vou virar um pão-duro?", "qual é o aplicativo mais legal?" etc.), precisamos saber de onde estamos partindo.

Imagine que, amanhã, todos os bancos vão fechar e todos os caixas eletrônicos e maquininhas de cartão vão quebrar. Antes que esse cenário caótico se instaure, você terá direito a um único saque, que deve cobrir todas as suas despesas dos próximos 30 dias – as fixas, as variáveis e as sazonais. Aluguel, faculdade, supermercado, gasolina, seguro do carro, internet de casa, celular, parcelas (as que estão no cartão e as que estão em boletos ou carnês). Tudo. De quanto precisaria ser esse saque? Quanto custariam os próximos 30 dias da sua vida?

Não recorra a planilhas que você por acaso tenha nem ao seu extrato bancário. Tome alguns segundos, lembre-se de que é apenas um chute. Não enumere gastos ainda, nem utilize uma calculadora. Anote esse valor no cantinho de uma folha em branco e, acima dele, coloque a sua renda (por "renda", entenda salário, proventos de aluguel ou rendimentos de aplicação). No nosso exemplo, consideraremos uma renda total de R$ 3.000.

De acordo com o conhecimento que você tem a respeito da sua vida financeira hoje, é esse o custo dos seus próximos 30 dias. Chute dado, vamos dar um passo para trás, tentando entender qual foi nosso raciocínio.

É provável que a gente tenha elaborado nosso chutão a partir dos grandes valores. O aluguel e o condomínio, ou a parcela da casa própria. No caso dos adeptos do cartão de crédito, talvez ele tenha entrado na conta. Algo mais ou menos assim: "gasto R$ 1.200 de aluguel, R$ 350 de condomínio, R$ 100 de luz, R$ 50 de água, mais uns R$ 400 de restaurante, mercado e lazer, mais uns R$ 500 de cartão... no total deve dar uns R$ 2.600".

> FIQUEI QUASE MEIA HORA COM A JULIA (PÁGINA 99) ATÉ DESCOBRIRMOS PARA ONDE É QUE IAM PARAR R$ 2.000 DOS R$ 4.000 QUE RECEBE DE SALÁRIO. É UM EXERCÍCIO QUE VALE FAZER, DE TEMPOS EM TEMPOS.

No geral, temos bastante consciência dos gastos fixos, alguma noção a respeito dos gastos variáveis e quase nada de controle sobre os gastos sazonais. Essa distinção vai ser importante daqui para a frente, então vale a pena esclarecermos:

- chamaremos de *gasto fixo* o gasto que não se altera em um horizonte de seis meses (o aluguel, o condomínio, o valor médio da conta de luz etc.);
- *gasto variável* é aquele valor que oscila todos os meses (restaurantes, mercado, gasolina, cafezinho etc.), mas que sempre acaba acontecendo;
- *gasto sazonal* é o que tem época certa para acontecer, independentemente se parcelamos ou se pagamos de uma vez só (o seguro do carro, o IPVA ou um grande parcelamento que está rolando no cartão). Perceberemos, um pouco mais para a frente, que vale a pena trocar gastos variáveis e sazonais por gastos fixos, já que estes são bem mais fáceis de gerenciar. *Como?*

※ ※ ※

Não sei se por azar ou sorte, um de meus primeiros clientes de consultoria financeira foi um cara bastante eloquente. Nos encontramos num café e ele falou feito uma metralhadora por quase uma hora, e eu, levemente nervoso, não tive o mínimo tato para interromper. Meio contrariado, fiz valer a minha regra de não ultrapassar o tempo combinado e me despedi quando esse tempo se encerrou.

Saí de lá sem ter falado praticamente nada, imensamente frustrado, pensando que em breve eu precisaria de uma consultoria financeira para dar um jeito na minha falência como consultor. Cheguei em casa e recebi um e-mail desse mesmo cara, dizendo que havia achado nossa conversa fantástica, que ele se sentia menos angustiado e estava animado para o próximo encontro.

Na época, eu não sabia se ria ou se entrava em desespero, por não fazer ideia do que tinha acontecido. Passados os anos e os clientes, percebi que o processo que ocorreu ali é muito comum. A gente acha que o que nos incomoda é a dívida, o cheque especial e o cartão de crédito, mas na raiz mesmo, debaixo das camadas, o que realmente não nos deixa dormir é a preocupação, a ansiedade e a ausência da sensação de controle.

Muitas vezes a gente nem parou para pensar nas implicações práticas da escassez financeira, mas já estamos sofrendo de antemão. O desconforto vem da preocupação latente com as finanças, e não necessariamente da real falta de dinheiro. A gente suporta, sem surtar, uma redução no padrão de vida. Mas não suporta meses de ansiedade, nó na garganta e completo descontrole sobre o que vai acontecer dali pra frente. Para meu cliente, o que era uma gigantesca névoa se transformou em uma grande missão, e o primeiro passo em direção à solução foi ele mesmo quem deu ao buscar ajuda. O problema financeiro, claro, continuou existindo depois daquele primeiro papo, mas o desconforto sumiu. O que a gente quer é movimento.

É capaz que você experimente um sentimento de conforto parecido durante o seu planejamento. Vale a pena buscar um equilíbrio: não queremos que essa sensação gostosa traga consigo uma postura de "já ganhei", que acomoda e faz com que deixemos de dar os próximos passos. Também não queremos atropelar todas as emoções (boas e ruins) que surgem durante o processo. É uma oportunidade preciosa de entendermos como nossa mente funciona. Presenteie-se com pequenas pausas, mantenha-se curioso a tudo o que acontece enquanto você rabisca os números no papel, não se apresse em tomar decisões, modificar hábitos ou assumir o controle. Teremos momentos específicos para isso lá na frente. De novo, seja gentil com você mesmo.

Uma fotografia da nossa vida financeira atual

Se você ainda não pegou o papel e a caneta, este é um ótimo momento. Vamos agora tentar fazer uma lista dos gastos fixos, ou seja, os gastos que acontecem todos os meses. Trata-se dos valores que serão debitados da sua conta, você estando de bom humor ou não, quer você pague no boleto ou no cartão. Procure ser preciso, mas não deixe o exercício de lado se não souber algum valor com exatidão. Você pode atualizar essa lista depois. Vale lembrar que aqui não entram os gastos que mudam a cada mês (como supermercado, gasolina etc.). Isso virá a seguir.

A maneira de listar os gastos é indiferente, mas é bem importante que esteja tudo bem claro e visível. No nosso exemplo, vamos utilizar a mesma folha do exercício anterior. No fim, você deve encontrar algo assim:

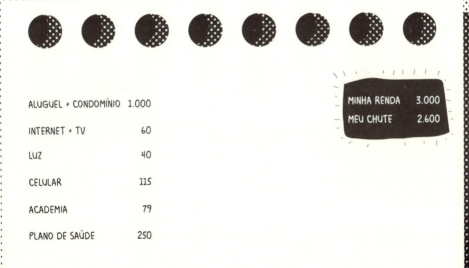

ESSES PERCENTUAIS ATÉ PODEM SERVIR DE GUIA, MAS A VERDADE É QUE TEM GENTE BEM FELIZ DESRESPEITANDO TODOS ELES, UM POR UM. A ANINHA, CUJA HISTÓRIA EU CONTO NA PÁGINA 102, É UM BOM EXEMPLO DISSO: RECEBE R$ 1.300 DE SALÁRIO E FAZ UMA VIAGEM INTERNACIONAL POR ANO.

É irresistível começar a analisar os gastos e buscar percentuais que representem quanto gastamos com cada categoria. Uns dizem que não devemos gastar mais do que 30% da nossa renda com moradia, outros que os gastos com lazer não devem exceder 20% do salário. Minha sugestão é que você não se prenda a nenhum desses valores. Podemos amadurecer, pouco a pouco, a maneira como encaramos nossa vida financeira, de modo que recomendações genéricas como essas fazem pouco (ou nenhum) sentido. Some esses valores e anote.

Essa primeira listagem (a dos gastos fixos) costuma sair com certa facilidade, uma vez que esses gastos já estão incorporados à nossa rotina. Compare essa soma aos valores que você escreveu no cantinho da folha. Há, certamente, uma grande diferença.

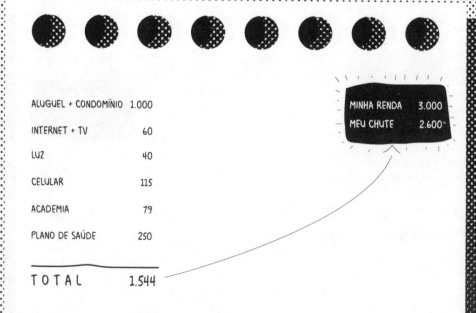

Vamos seguir com nosso mapeamento, agora tentando estimar os gastos variáveis: alimentação (restaurante, café, mercado), transporte (gasolina, bilhete de ônibus e metrô), lazer (bar, balada, cinema), salão de beleza, farmácia, entre muitos outros. Essa listagem já não é tão simples. A ideia é estimarmos, com a máxima precisão possível, quanto gastamos, em média, por mês, com nosso dia a dia. Se pensar em um mês inteiro for difícil, pense por semana. Algo mais ou menos assim:

Durante a semana eu gasto uns R$ 50 de transporte e R$ 100 entre mercado e feira. Geralmente na sexta-feira eu janto fora, então vão mais R$ 50. No final de semana, de lazer, devo gastar uns R$ 150. E tem a grana do café também, mais uns R$ 50.

Traduzindo, por semana:

- Jantar de sexta: R$ 50
- Transporte: R$ 50
- Mercado e feira: R$ 100
- Lazer no final de semana: R$ 150
- Café e "dinheiro de bolso": R$ 50
- **Custo semanal: R$ 400**

Com o custo variável por semana já estimado, fica bem mais fácil. Agora é só multiplicar por 4 e teremos uma ideia do custo variável mensal, como você vê na figura da página a seguir.

Some o custo fixo com o custo variável e compare, novamente, com o valor anotado no cantinho da folha. Bastante coisa surge dessa comparação. Na grande maioria dos casos, percebemos que nosso chutão inicial foi bem ruim. Normalmente chutamos para baixo. O cenário fica ainda mais preocupante quando levamos em consideração que, nessa listagem, ainda não contemplamos outro grande grupo de gastos que é importantíssimo: o grupo dos gastos sazonais.

ALUGUEL + CONDOMÍNIO	1.000		JANTAR DE SEXTA	50
INTERNET + TV	60		TRANSPORTE	50
LUZ	40		MERCADO E FEIRA	100
CELULAR	115		LAZER FINAL DE SEMANA	150
ACADEMIA	79		CAFÉ E "DINHEIRO DE BOLSO"	50
PLANO DE SAÚDE	250		TOTAL	400
				x4
TOTAL	**1.544**		**TOTAL**	**1.600**

MINHA RENDA	3.000
MEU CHUTE	2.600

Vamos a eles. Os *gastos sazonais* são aqueles que acontecem eventualmente. Em alguns casos não sabemos muito bem em qual época, já em outros o período é fixo – um ótimo exemplo é o Natal, que normalmente produz um efeito devastador em nossas contas. Outros bons exemplos são o IPVA, o seguro do carro, a festa de Ano-Novo, a viagem de férias, as vacinas do bichinho de estimação, o material escolar do filho, roupas, presentes, enfim, gastos que não se enquadram nem nos fixos nem nos variáveis, mas que certamente acontecerão em algum momento.

É bem difícil fazer a previsão dos gastos sazonais, mas não se preocupe. Isso é apenas uma estimativa. Voltaremos a ela com frequência. Durante o processo de consultoria financeira, gosto de fazer esse exercício logo no primeiro encontro. Geralmente, o cliente sai com uma lista que julga bem boa, bastante próxima da realidade. Pura ilusão. A lista fatalmente é rabiscada, corrigida e refeita ao longo dos encontros seguintes.

Adicione esses gastos à sua folha, sempre considerando o valor total, ou seja, se você paga R$ 2.000 de IPVA, em quatro parcelas de R$ 500, o valor a ser adicionado é R$ 2.000; se você estima gastar R$ 1.200 em roupas

ALUGUEL + CONDOMÍNIO	1.000		JANTAR DE SEXTA	50		MINHA RENDA	3.000
INTERNET + TV	60		TRANSPORTE	50		MEU CHUTE	2.600
LUZ	40		MERCADO E FEIRA	100			
CELULAR	115		LAZER FINAL DE SEMANA	150		ROUPAS	1.200
ACADEMIA	79		CAFÉ E "DINHEIRO DE BOLSO"	50		FÉRIAS	1.500
PLANO DE SAÚDE	250		TOTAL	400		TOTAL	2.700
				x4			/12
TOTAL	1.544		TOTAL	1.600		TOTAL	225

por ano, o valor a ser adicionado é esse, mesmo que em determinado mês você gaste R$ 100 e em outro gaste R$ 600. Uma vez que temos a soma anual dos gastos sazonais, fica fácil estimarmos, também, o valor mensal. Basta dividirmos o valor total por 12, como você vê na figura acima.

Novamente, some o custo fixo mensal, o custo variável mensal e o custo sazonal mensal e compare com o valor anotado no cantinho da folha. Como está? O chute inicial foi bom ou ruim? Chegou perto?

É possível que você tenha tido dificuldade em tirar essa fotografia da sua vida financeira, e muitas vezes isso acontece porque parte significativa dos nossos gastos é realizada através do cartão de crédito. Não se preocupe com isso. Atenha-se aos gastos por enquanto, não à forma de pagamento. Falaremos sobre o cartão mais à frente.

Essas são as grandes categorias de gastos que seguirão conosco durante todo o planejamento: fixos, variáveis e sazonais. Existe outro grupo de gastos, porém, que merece menção: os *imprevistos*. São os responsáveis por grande parte da eventual sensação de fracasso que pode nos acometer durante esse começo de planejamento. Perceba que eu escrevi *sensação de fracasso*, e não fracasso. O surgimento de um grande gasto imprevisto (como o conserto do motor do carro ou uma viagem de última hora) afeta o planejamento, gera um grande impacto nos números, mas não é causa de fracasso. Lidar com números doloridos e menores do que os que estávamos esperando é ruim, claro, mas o planejamento segue, atualizado e revisto. O fracasso seria, por conta do imprevisto, você deixar tudo de lado e ficar com a vida financeira à deriva.

Não é possível listar os possíveis imprevistos, por razões óbvias, mas podemos incorporar essa categoria à nossa fotografia através de uma margem. É bem simples. Levaremos em consideração a soma dos gastos que apuramos anteriormente (fixos, variáveis e sazonais) e multiplicaremos por 15%. Esse será nosso valor inicial para imprevistos. Se a soma dos seus gastos fixos, variáveis e sazonais é R$ 4.000, o valor inicialmente destinado aos imprevistos será R$ 600.

É bem tentador jogar esse valor lá para baixo, na intenção de fazer com que os números caibam no nosso orçamento (ou que a realidade fique próxima do chutão que demos lá no começo), mas essa é uma atitude bastante ingênua. Afinal, os imprevistos vão acontecer, cedo ou tarde, de maneira linear ou caótica. Em um mês, é capaz que os R$ 600 do nosso exemplo não tenham sido inteiramente consumidos. Em contrapartida, é plenamente possível que a compensação venha no mês subsequente. Um pouco menos em um mês, um pouco mais em outro. Adicione essa informação à folha.

Com isso, a fotografia dos gastos está completa, como você vê na figura ao lado. Agora, analise com calma as informações contidas na folha. É preciso que a gente tenha bastante convicção de que entendemos os quatro grandes grupos: fixos, variáveis, sazonais e imprevistos. Com as informações organizadas, compare novamente com o chute que você deu inicialmente. Se você errou, errou por quanto? Os erros aconteceram porque você subestimou qual grupo de gastos? Por que alguns gastos vêm à nossa mente de imediato e outros são esquecidos? Por que é tão fácil se lembrar dos gastos fixos e tão difícil se lembrar dos variáveis?

Essa fotografia da sua vida financeira é uma ferramenta bem importante. Não porque você terá que consultá-la constantemente, mas porque,

ALUGUEL + CONDOMÍNIO	1.000	
INTERNET + TV	60	
LUZ	40	
CELULAR	115	
ACADEMIA	79	
PLANO DE SAÚDE	250	
TOTAL FIXO	**1.544**	

JANTAR DE SEXTA	50	
TRANSPORTE	50	
MERCADO E FEIRA	100	
LAZER FINAL DE SEMANA	150	
CAFÉ E "DINHEIRO DE BOLSO"	50	
TOTAL	400	x4
TOTAL VARIÁVEIS	**1.600**	

MINHA RENDA 3.000
MEU CHUTE 2.600

ROUPAS	1.200	
FÉRIAS	1.500	
TOTAL	2.700	/12
TOTAL SAZONAIS	**225**	

$$1.544 + 1.600 + 225 = \boxed{3.369}$$
$$3.874 \; ^{+15\%}$$

durante o processo de listagem, você se viu obrigado a revisar seus gastos e, consequentemente, cada atividade que compõe a sua rotina. É um exercício precioso, mas podemos ir além.

Pegue sua fotografia, revise, olhe novamente com cuidado, faça correções e complementações, se necessário, e explique-a para alguém. Chame um bom amigo, interessado, com paciência, e conte a ele que você está tentando cultivar uma relação melhor com a grana. Conte como foi o processo de listar todas essas informações. Comece pelos gastos fixos, explicando quais são os maiores, quais são os que quase passaram despercebidos e quais são suas primeiras reações ao pensar em cada um deles. Algo como "eu acho essa academia cara" ou "eu acho meu aluguel uma pechincha". Em seguida, parta para os variáveis. Aproveite para contar da sua rotina. "Gasto R$ 150 de almoço toda semana", "meu final de semana custa R$ 200 porque geralmente saio para algum lugar mais ajeitado na sexta e almoço fora com minha mãe no domingo". Abra os sazonais, tentando dar detalhes relativos à época em que esses gastos acontecem. "Costumo pagar o IPVA de uma vez só", "gasto em média esse valor por ano com roupas e gosto de comprar um pouquinho todo mês", "geralmente sou eu que banco o Natal lá de casa, por isso esse valor mais alto".

Repita o exercício com outro amigo. Não importa se seus amigos têm mais ou menos dinheiro que você; não estamos em uma competição, estamos criando familiaridade com o assunto e buscando parceiros. Quanto mais natural for para você contar a alguém como seus números funcionam, mais tranquilo será entender o impacto que eventuais mudanças podem causar à sua vida financeira e mais profundo será seu entendimento. Essa é uma atividade que se beneficia da repetição. Na hora de escolher os amigos para realizar o exercício, procure por pessoas queridas, que serão capazes de acolher você da maneira mais confortável possível.

Se sentir que, com tal pessoa, surge um bloqueio grande ao tentar falar sobre determinado dado, simplesmente omita-o. Não é necessário forçar a barra. A reflexão, porém, é sempre importante. Por que tenho vergonha de falar sobre isso com tal pessoa?

Com algumas pessoas, é possível que você se sinta à vontade para contar qual seu salário, com outras, não. Isso não é um problema. É perfeitamente possível conversar sobre grana sem abrir, diretamente, o valor que você recebe todos os meses. Entretanto, é bem provável que a conversa role com muito mais fluidez se esse dado for aberto.

Não espere um feedback imediato. A ideia do exercício não é receber uma bronca ou um tapinha nas costas. Ainda não, pelo menos. Queremos praticar a fala e, talvez, a troca. Esse é um ponto importante. Se você sentir que seu ouvinte está com vontade de falar, incentive-o. Procure escutar de maneira tranquila, sem grandes julgamentos (sem torcer o nariz, em sinal de reprovação, ou balançar a cabeça para cima e para baixo, como quem concorda e entende).

Mas eu não preciso anotar todos os gastos?

Muitas pessoas acreditam que o planejamento financeiro é, basicamente, anotar gastos. Cada bala, cada pãozinho, cada camiseta, tudo. Se essa é nossa compreensão do que é planejamento, fica fácil cairmos em um discurso de "isso não é para mim, só gente muito organizada e quadrada consegue fazer isso". Esse é um entendimento raso e, no geral, inútil. O registro dos gastos pode ser uma atividade importante em alguns cenários, para fins específicos, mas não é, nem de longe, a base de um bom planejamento financeiro.

Isso é típico do planejamento que olha para trás. Sentar uma vez por mês para analisar o que foi gasto nos últimos 30 dias até pode render um ou outro insight, mas não passará disso. O bom planejamento não supervaloriza a base histórica. Ele leva em conta nossa imensa facilidade de adaptação e se preocupa com o que está por vir, não com o que passou.

O registro de gastos é particularmente útil no exercício da fotografia, quando você não se sente minimamente apto a dar um palpite a respeito dos gastos variáveis. Nesse caso, vale, sim, separar duas ou três semanas e fazer o trabalho sujo: caderninho e caneta na mão, anotando tudo o que sai da carteira. Mas é por duas ou três semanas e só. Se a lição de casa for bem-feita, você terá, de maneira razoavelmente apurada, o valor inicial relativo aos gastos variáveis, e pode seguir seu planejamento com base nele.

Por favor, não gaste o pouco tempo e a pouca disposição que você possui para se dedicar às suas finanças rasurando um caderno, tentando decidir se o restaurante a que você foi ontem se enquadra na categoria lazer ou alimentação. Há chances imensas de desistirmos antes de o processo completar um par de semanas – e digo isso por experiência própria.

4.
Como fazer um planejamento financeiro que beneficie sua vida

Um primeiro olhar sobre suas despesas

Agora que você fez a fotografia de sua vida financeira, é como se as roupas que antes estavam emboladas e ignoradas no seu armário estivessem na sua frente, todas expostas. Algumas realmente têm valor, servem bem e merecem ser mantidas, outras só estão ocupando espaço e impedindo que você armazene peças que realmente gostaria de ter.

Assim, com a fotografia em mãos, dê destaque às despesas nas quais você não pode mexer agora, tanto faz se são fixas ou variáveis. Estou falando dos gastos que estão tão incrustados na maneira como você organizou sua vida que seria inviável protagonizar qualquer modificação. Marque três, apenas, como na figura da próxima página. Pode ser um aluguel, uma mensalidade de academia, um boleto de loja. É só um começo de reflexão.

É importante entendermos bem se temos gastos que, de fato, não estão em discussão. Queremos um planejamento de fácil manutenção, que não dê trabalho, então é importante limitarmos a quantidade de decisões a serem tomadas nos próximos passos.

Queremos um planejamento de fácil manutenção, que não dê trabalho

Com os gastos imutáveis já destacados, vamos realçar agora três pontos passíveis de mudança. São gastos que sabemos que podem ser alterados, de maneira leve ou

ALUGUEL + CONDOMÍNIO	1.000		JANTAR DE SEXTA	50		MINHA RENDA	3.000
INTERNET + TV	60		TRANSPORTE	50		MEU CHUTE	2.600
LUZ	40		MERCADO E FEIRA	100			
CELULAR	115		LAZER FINAL DE SEMANA	150		ROUPAS	1.200
ACADEMIA	79		CAFÉ E "DINHEIRO DE BOLSO"	50		FÉRIAS	1.500
PLANO DE SAÚDE	250		TOTAL	400		TOTAL	2.700
				x4			/12
TOTAL	1.544		TOTAL	1.600		TOTAL	225

$$1.544 + 1.600 + 225 = \boxed{3.369}$$

$$3.874 \quad + 15\%$$

drástica. Procure realçar os que, na sua opinião, trazem pouco prazer, benefício ou satisfação (veja um exemplo na figura da página 44).

"Mas se o gasto está sendo feito hoje, é óbvio que ele traz prazer!", você pode pensar. Isso não é verdade. É muito comum que, na correria da rotina, nos meses (ou anos) de cegueira financeira, nós incorporemos à nossa vida uma série de gastos que, atualmente, não trazem benefício algum. Trabalhei por alguns anos como desenvolvedor de software para uma grande empresa de telefonia celular e tinha acesso a uma réplica da base de dados da companhia, para executar testes. Era sempre chocante perceber que um percentual imenso dos usuários estava pagando por serviços que nunca haviam utilizado. Planos e pacotes adicionais, que estavam sendo cobrados todos os meses (explicados na

ALUGUEL + CONDOMÍNIO	1.000		JANTAR DE SEXTA	50		MINHA RENDA	3.000
INTERNET + TV	60		TRANSPORTE	50		MEU CHUTE	2.600
LUZ	40		MERCADO E FEIRA	100			
CELULAR	115		LAZER FINAL DE SEMANA	150		ROUPAS	1.200
ACADEMIA	79		CAFÉ E "DINHEIRO DE BOLSO"	50		FÉRIAS	1.500
PLANO DE SAÚDE	250		TOTAL	400		TOTAL	2.700
				x4			/12
TOTAL	1.544		TOTAL	1.600		TOTAL	225

$$1.544 + 1.600 + 225 = 3.369$$
$$+ 15\%$$
$$3.874$$

conta, em letras bem miúdas) e não haviam sido experimentados sequer uma única vez.

 Enquanto escrevia este capítulo, refiz o exercício da fotografia, explicado no capítulo anterior, a fim de perceber pequenas sutilezas. Utilizei minha própria vida financeira como base. Dediquei alguns minutos à tarefa e percebi que há quase 24 meses eu pago uma assinatura de um provedor de conteúdo em vídeo pela internet. Não é um valor alto, cerca de R$ 20, mas me chamou a atenção o fato de que não lembro quando foi a última vez que assisti à televisão em casa. Liguei para cancelar e pedi para a atendente me informar a última vez que utilizei o serviço, a título de curiosidade. Ela me disse que o último login havia sido há 11 meses. Logo em seguida, me contou que era plenamente possível congelar a conta e que, caso eu quisesse reativar, bastava fazer uma nova ligação que em menos de cinco minutos tudo estaria normalizado. Quase R$ 250 gastos de maneira bem inútil nos últimos meses. Agora entendo um pouco melhor o comportamento dos assinantes da empresa de telefonia celular onde eu trabalhava.

Os gastos com alimentação também costumam ser pontos fáceis de mudar, seja com uma mudança de supermercado (por vezes, a diferença entre a compra em um mercado "chique" e em um mercado de padrão médio chega a ser de 20% a 30%), seja com uma alteração na rotina. Lembro-me de um casal para quem prestei consultoria que gastava cerca de R$ 2.500 por mês em restaurantes (basicamente almoçavam e jantavam fora todos os dias). Eles foram bem enfáticos nesse ponto, dizendo que certamente era ali que poderiam pensar em algo, caso precisassem rever seus gastos. Levantei a bola de que a ideia não era que levassem uma vida chata, sem graça, cheia de privações, e eles me explicaram que não era esse o ponto, que os restaurantes não eram nada de mais (o brócolis e a couve-flor tinham o mesmo gosto de "tempero pronto") e que eles facilmente poderiam se organizar melhor para economizar.

Não mude sua vida financeira do dia para a noite

Durante esse processo de curadoria e classificação dos gastos, é possível que você sinta vontade de protagonizar uma grande mudança, drástica, quase heroica. Cancelar todos os serviços, parar de frequentar restaurantes, quebrar o cartão de crédito no meio. É uma péssima ideia. É como começar uma dieta maluca, em que você não come praticamente nada. A chance de a empolgação durar e gerar o resultado esperado é pequeníssima. Passos pequenos, constantes e duradouros são melhores do que uma grande virada romântica que dura apenas uma semana.

Estratégias do tipo "economize em todos os lugares possíveis" são empolgantes, mas não duram. Logo você lembra que o cafezinho pode ajudá-lo a encarar melhor o restante do dia e que uma noitada em boa companhia é um motivo justíssimo para um gasto maior, desde que não seja desenfreado.

Estratégias do tipo "economize em todos os lugares possíveis" são empolgantes, mas não duram

A partir de uma consciência financeira mais aguçada, desdobram-se várias frentes que podem ser trabalhadas. Vamos caminhar com base nesse detalhamento de sua posição financeira atual, mas sem pressa.

Se alterarmos muitos itens da fotografia inicial de uma vez só, perderemos uma chance ótima de entender o que é importante e o que não é. Explicando: se você alterar dez itens e sua rotina ficar uma lástima, vai ser difícil descobrir qual dos dez itens fez com que sua qualidade de vida caísse tanto. A mesma coisa vale para o sentido contrário. Se você alterar dez itens e sua vida ficar ainda mais incrível, como descobriremos quais deles causaram a melhora?

Nosso discernimento para esse tipo de situação é bem precário. Temos dificuldade em saber o que causa um impacto realmente positivo na nossa vida e o que é irrelevante. Por isso, o palpite inicial das três mudanças é só isso: um palpite. Só vamos saber se as alterações foram ou não boas quando as colocarmos em prática. Tenha em mente também que, provavelmente, de um jeito ou de outro, você estava vivendo de maneira digna sem o planejamento, então não coloque peso demais sobre ele. Se tudo der errado, vamos refazer, alterar, testar outra coisa, explorar mais.

Então, repense os gastos elencados. Veja se há outras possibilidades. Muitas vezes, uma pequena mudança na rotina já funciona e produz um grande efeito. No caso da alimentação, por exemplo, ter a geladeira de casa abastecida, no geral, é muito mais barato do que frequentar restaurantes diariamente. Na figura a seguir, destaco os gastos (os manejáveis e os que certamente não podem sofrer nenhum tipo de alteração).

Ainda sobre as mudanças, não esqueça que, na enorme maioria dos casos, elas são reversíveis. Se algo der errado, voltamos atrás, sem problema algum. Essa postura cuidadosa, aliás, vale para todas as etapas do planejamento. Vamos sempre devagar, sempre prestando atenção em

como nosso humor oscila de acordo com cada pequeno passo e nas vontades e percepções que surgem ao longo do caminho. Agora que temos uma boa fotografia, revisada e alterada, colocaremos tudo em prática.

Como colocar o planejamento financeiro em prática

Já temos uma fotografia da nossa vida financeira e já arriscamos alguns palpites, agora vamos entender de que forma podemos colocar tudo isso em prática, incorporar toda essa reflexão ao nosso dia a dia.

Começaremos alterando nossa unidade básica de tempo. Para fins de controle, em vez de utilizar o mês, utilizaremos a semana, simplesmente porque um mês é tempo demais. Muita coisa acontece em um intervalo de 30 dias, tudo pode mudar. Esquecemos compromissos, recebemos boas e más notícias, mudamos nossas prioridades, fica difícil acompanhar. Vamos assumir, então, logo de início, que nossa capacidade de planejamento e controle é bem pequena. Criaremos um planejamento que dê passos menores, caminharemos de sete em sete dias. Utilizaremos uma nova folha em branco e a dividiremos em quatro quadrantes, numerados de 1 a 4. Cada quadrante representa uma semana do mês. Se você quiser, pode escrever mais especificamente quais são os dias do mês (por exemplo, a primeira semana de março vai do dia 3 ao dia 10).

1
1ª semana
Saldo Inic.
Gastos Fixos
Variáveis
Sazonais

Saldo Final → gto terei na próx. semana?

2

3

4

O quadrante número 1 representa a primeira semana do mês, o quadrante número 2 representa a segunda, e assim sucessivamente. Os quadrantes servem para que a gente adicione ao nosso planejamento uma boa dose de previsibilidade, já que a fotografia, construída no capítulo anterior, é apenas um extrato aproximado do momento atual. É difícil utilizá-la como base para protagonizar qualquer mudança efetiva na nossa rotina. Aplicando o método, seremos capazes de responder desde perguntas simples, como "quanto dinheiro terei daqui a sete dias?", até questões um pouco mais elaboradas e dependentes de muitas variáveis, como "quanto venho gastando com imprevistos nos últimos dois meses?" ou "qual será meu saldo bancário daqui a três meses?".

Utilizaremos a mesma lógica em todos os quadrantes. O quadrante sempre começa com o saldo bancário do começo daquela semana e termina com o saldo esperado para o fim (o saldo que encontraremos de fato, caso nenhum imprevisto aconteça). O primeiro quadrante é equivalente ao intervalo de tempo que vai da primeira segunda-feira do mês até a segunda segunda-feira do mês. Por convenção, utilizo a segunda-feira como dia base, mas você pode escolher o dia mais conveniente, de acordo com sua rotina.

O que está sendo explicado na imagem a seguir (que representa o quadrante 1) é que a primeira semana começa com o saldo descrito no quadradinho do topo. Ao preencher o miolo do quadrante, devemos começar sempre pelos gastos fixos, que são bem mais fáceis de organizar. Quais gastos fixos acontecerão nessa primeira semana? Podemos consultar nossa fotografia para facilitar. Entre essa primeira segunda-feira e a próxima, quais contas pagaremos? Aluguel, conta de celular, condomínio, mensalidade da academia? Coloque cada um desses valores no quadrante, com o sinal negativo na frente – afinal, serão débitos que ocorrerão em sua conta. Se você possui algum dinheiro a receber nessa semana, coloque também. Pode ser um salário, um adiantamento de salário, algum pagamento referente a um trabalho que você fez. Esse valor entra com sinal positivo – afinal, é um crédito que acontecerá na sua conta.

Com isso, já temos um desenho grosseiro de como será essa semana. Porém, não colocamos na conta nem os gastos sazonais nem os variáveis. Parta para os sazonais. Existe algum gasto sazonal que, de acordo com sua fotografia,

entra nessa semana? Alguma compra de roupa? A parcela do IPVA? O seguro do carro? Adicione ao quadrante, com sinal negativo. Em seguida, parta para os variáveis. Com esse grupo de gastos, trabalharemos de maneira diferente. Seria bem cansativo se preocupar em listar todos os pequenos gastos variáveis que acontecem em uma semana, então adotaremos aqui o conceito de variável da semana. É um valor, fixo, que agrupa os possíveis gastos variáveis de uma semana, sem distinção. Já calculamos esse valor anteriormente no exercício da fotografia (veja a página 35). No exemplo utilizado, consideramos R$ 400 por semana. É o valor que usaremos para gastos com supermercado, gasolina, lazer de final de semana, café, pequenas compras, enfim, todos os pequenos gastos que tornariam nosso planejamento um inferno caso precisássemos

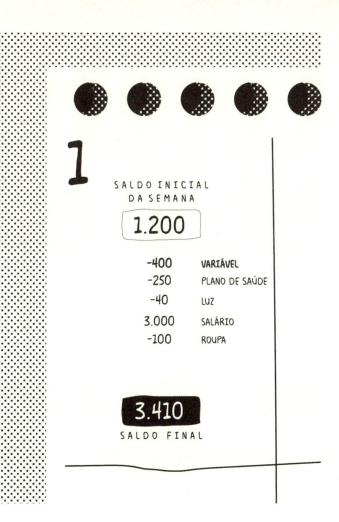

anotar tudo em um caderninho. Com isso, nosso quadrante já contempla os fixos, os sazonais e os variáveis, como você vê acima. É razoavelmente seguro afirmar que já somos capazes de prever, com chance de acerto bem razoável, quanto dinheiro teremos no começo da segunda semana.

Com o primeiro quadrante feito e a lógica já entendida, fica fácil preencher os outros três. O saldo do final da primeira semana será o saldo do começo da segunda. Seguindo a lógica de preenchimento, basta repetir: adicione os gastos fixos e as entradas, acrescente depois os gastos sazonais, adicione o variável da semana e calcule o saldo previsto para o final daquela semana. Parta para a próxima e repita o processo. Chegaremos a algo parecido com a figura a seguir:

1

SALDO INICIAL
DA SEMANA

1.200

-400	VARIÁVEL
-250	PLANO DE SAÚDE
-40	LUZ
3.000	SALÁRIO
-100	ROUPA

3.410
SALDO FINAL

2

SALDO INICIAL
DA SEMANA

3.410

-400	VARIÁVEL
-1.000	ALUGUEL
-79	ACADEMIA

1.931
SALDO FINAL

3

SALDO INICIAL
DA SEMANA

1.931

-400	VARIÁVEL
-115	CELULAR
-60	INTERNET + TV

1.356
SALDO FINAL

4

SALDO INICIAL
DA SEMANA

1.356

-400	VARIÁVEL

956
SALDO FINAL

Isso quer dizer que começaremos o mês com o valor inserido no topo do quadrante 1 e esperamos fechar o mês com o valor encontrado no rodapé do quadrante 4. É provável que o raciocínio tenha ficado bem claro para você, uma vez que essa é a maneira como a maioria das pessoas se organiza, mesmo sem colocar no papel: lista as contas fixas e tenta organizar o mês para que o que sobrou dure todas as semanas. O conceito de variável da semana, porém, não é tão usual, e é por isso que dedicaremos mais tempo e esforço ao seu entendimento na seção a seguir.

O dinheiro de papel, o variável da semana e a sensação de pobreza ou riqueza

Como vimos, em cada quadrante há um registro bem especial que chamamos de variável da semana. É, basicamente, o custo da sua semana, ou seja, a quantidade de dinheiro que você precisará despender, em média, para viver bem de uma segunda-feira até a outra (sem considerar, é claro, suas contas fixas). Esse é um valor bem emblemático e importante, porque foge do que estamos acostumados a intuir quando pensamos em planejamento financeiro.

Em vez de anotar cada pequeno gasto e, por consequência, criar um planejamento muito complexo, cheio de pequenas notinhas, optaremos por empacotar as despesas do dia a dia em um único montante. Dessa forma, fica muito mais fácil planejar (criar os quadrantes) e executar (fazer com que as previsões desenhadas nos quadrantes de fato se concretizem). Esse registro do seu controle tem uma série de peculiaridades, e destrincharemos uma a uma a partir de pequenas frases ou questões.

Vou ter que ficar olhando meu extrato para saber quanto já gastei e quanto ainda tenho para gastar?

Não. Quer dizer, talvez. Essa é apenas uma das possibilidades. Se você optar por pagar tudo no débito, o registro e o controle dessas pequenas despesas, de fato, ficarão dependentes de visitas frequentes ao caixa eletrônico ou ao internet banking. Já adianto que esse é um método que frequentemente falha, por falta de tempo, disciplina ou ambos.

Experimente a sensação de ter pleno controle do seu extrato bancário sem precisar acessá-lo a cada um ou dois dias.

Para simplificar ao máximo o processo, fica aqui um conselho de coração: saque seu variável semanal. Com o dinheiro na carteira, fica absurdamente mais fácil fazer esse controle. Talvez isso seja algo novo para você, então eu sugiro que faça o teste. Experimente a sensação de ter pleno controle do seu extrato bancário sem precisar acessá-lo a cada um ou dois dias. Na segunda-feira, dia em que começará um novo quadrante, saque o valor estipulado na sua fotografia e utilize-o para os gastos que você intitulou anteriormente como variáveis. Sempre que abrir a carteira, você dará uma olhada em quanto ainda tem, mesmo que de maneira inconsciente. Fica muito mais fácil controlar. Você se beneficiará, também, do fato de que temos mais dificuldade de gastar dinheiro em espécie. Aliás, esse é outro teste interessante: na próxima compra que for realizar (um tênis, um corte de cabelo, um livro mais caro, enfim, qualquer item), experimente sacar e pagar em dinheiro. É bem provável que você sofra um bocado tirando cada uma das notas da carteira. Essa é uma agonia que não surge quando pagamos com cartão de crédito.

E se faltar dinheiro no final da semana?

Se faltar dinheiro, saque mais. A ideia aqui não é levar uma vida de privações. Se, por alguma razão, você gastar mais do que havia planejado, faça um novo saque e siga a vida. Não é uma grande questão, nem quer dizer que o valor que você escolheu ter como base está errado. No entanto, se faltar *toda* semana, vale a pena repensar o valor sacado, levando em consideração dois fatores. O primeiro é se o planejamento comporta um valor maior. Se sim, ótimo. O segundo é se você, de fato, gostaria de empregar um valor maior para essa categoria de gastos.

E se sobrar dinheiro no final da semana?

Talvez você se sinta tentado a colocar o dinheiro de volta no banco. Não é a melhor estratégia. Se sobrar dinheiro, minha sugestão é que você o utilize. Gaste com um supérfluo, com um pequeno luxo, com algo que você geralmente não se permite. Vá a seu restaurante preferido, compre alguma peça de roupa, se presenteie de alguma forma. É uma recompensa simbólica por ter cumprido um acordo que você fez consigo mesmo, lá no começo do processo de planejamento. Não saque a menos na semana seguinte.

Não seria melhor sacar mais nas semanas em que sei que gastarei mais e menos nas semanas que sei que serão mais tranquilas?

Não. No geral, nós nos damos muito bem com a regularidade. É bem importante sacar sempre o mesmo valor. Com o tempo, vamos adaptando nossa semana, de modo que nossa rotina passe a caber no valor que estipulamos. O processo se torna automático muito rapidamente, vira hábito. Passamos a entender quanto custa uma semana confortável. Não vale a pena adicionarmos mais essa decisão ao processo de planejamento ("quanto será que essa semana vai custar?"). Vamos nos esforçar para reduzir os pontos de tensão, para que o próprio ato de se planejar não seja um grande esforço. O planejamento tem de ser fácil.

> TODO MÊS APARECE ALGUM GASTO IMPREVISTO, ESPECIALMENTE NA VIDA DE QUEM MORA SOZINHO. A LORENA, QUE ESTÁ ENCARANDO A MISSÃO DE GERIR UMA CASA HÁ POUCO TEMPO, FICOU BEM INCOMODADA COM ISSO. A HISTÓRIA DELA APARECE NA PÁGINA 110.

Preciso comprar um presente para alguém esta semana, devo usar meu variável para isso?

Não. A ideia do variável da semana não é cobrir imprevistos. Ele é um valor reservado para os gastos da nossa rotina, especificados lá na fotografia. Vamos abordar os imprevistos no Capítulo 5.

Está tudo muito confuso porque meus gastos estão todos no cartão de crédito. Como faço para incluí-los?

Vamos falar sobre o cartão de crédito nos próximos capítulos, mas, por ora, adicione a próxima fatura (o valor cheio!) como um gasto no quadrante e, se possível, comece a migrar para o dinheiro de papel. Ficará muito mais fácil controlar. Veja um exemplo na figura a seguir.

1

SALDO INICIAL
DA SEMANA

1.200

-400	VARIÁVEL
-250	PLANO DE SAÚDE
-40	LUZ
3.000	SALÁRIO
-100	ROUPA

3.410
SALDO FINAL

2

SALDO INICIAL
DA SEMANA

3.410

-400	VARIÁVEL
-1.000	ALUGUEL
-79	ACADEMIA

1.931
SALDO FINAL

3

SALDO INICIAL
DA SEMANA

1.931

-400	VARIÁVEL
-115	CELULAR
-60	INTERNET + TV

1.356
SALDO FINAL

4

SALDO INICIAL
DA SEMANA

1.356

-400	VARIÁVEL
-325	FATURA CARTÃO

631
SALDO FINAL

Comece a qualquer momento

Não se preocupe em esperar o próximo mês para colocar seu planejamento em prática. Sei que é bem tentador deixar para começar no dia 1º, mas é perigoso esperar até lá. Não sabemos como seu *eu do futuro* se comportará, e delegar tarefas a ele é bobeira. Daqui a uma ou duas semanas talvez você já tenha outras prioridades, talvez já tenha deixado este livro em algum canto ou colocado ele de volta na estante. É perfeitamente possível começar na segunda ou na terceira semana do mês. Aliás, essa é uma das belezas do esquema dos quadrantes: é muito fácil começar e recomeçar. Leve em conta aquela regra suprema que nos guia quando estamos em busca de um novo hábito: inicie na próxima segunda-feira. E use o tempo até lá para refinar todos os dados que você já levantou. Ficaria algo como o exemplo da figura a seguir (página 58).

O método é bem simples, e por conta disso talvez você pense que só funciona em cenários igualmente simples, sem muitas variáveis. Não é verdade. Se você tem uma vida financeira complexa, com muitos cenários e poréns, ainda assim pode organizá-la de maneira tranquila. O maior problema é, de fato, começar. A confusão geralmente parece maior do que é.

Os quadrantes serão a base do nosso planejamento. Recorreremos a eles sempre que quisermos saber se um novo gasto cabe no orçamento, se está sobrando dinheiro, se está faltando dinheiro ou quanto teremos no fim de determinado mês. É importante ganharmos intimidade com o método. Apesar de aparentemente simples, é possível extrair dele bastante informação.

No exemplo ao lado, podemos concluir que nosso personagem está gastando mais do que ganha, apesar de ter terminado o mês com algum dinheiro. Não é preciso fazer a soma, é só comparar o começo e o fim do mês. Se terminou com menos do que começou, é fato que está gastando mais do que ganha. Se terminou com mais do que começou, é porque está gastando menos do que ganha. Com o agrupamento dos gastos variáveis em um único registro semanal (o variável da semana), é provável que seus quadrantes tenham poucos registros, algo entre 15 e 20 entradas. Essa é uma boa observação. Tenha como meta reduzir a quantidade de entradas

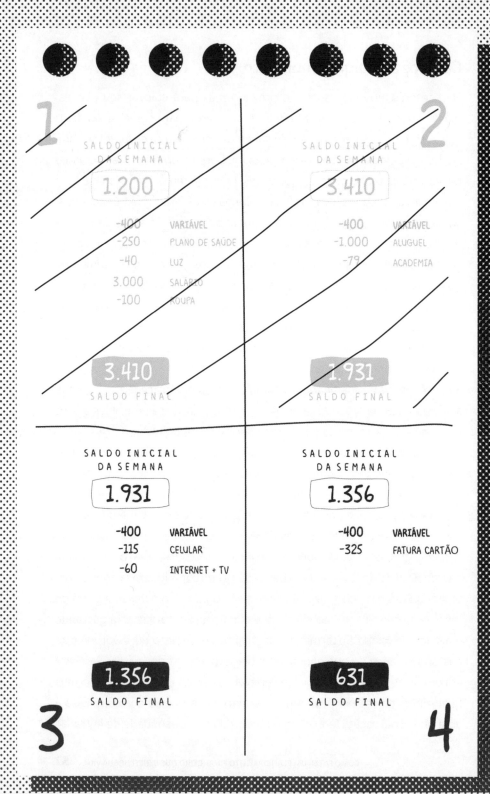

nos seus quadrantes e, consequentemente, no seu extrato bancário. Dá menos preguiça de olhar; quanto mais simples, melhor. Você pode fazer isso agrupando despesas semelhantes. Se você gasta R$ 50 por semana com transporte, por exemplo, esses gastos podem ser agrupados em um único gasto, de R$ 200, a ser realizado no início do mês. Você pode separar esse dinheiro em um envelope (e tratá-lo à parte) ou "carregar seu cartão" para um período mais longo, caso a cidade onde você mora conte com um sistema eletrônico para o pagamento das passagens.

Dê uma boa olhada no saldo do fim do mês e analise, sem muito carinho, se terminar o mês com esse valor é aceitável ou não para você. Se sim, ótimo. Se não, prepare-se para promover outras mudanças.

Com o planejamento do primeiro mês feito, será fácil manter o processo nos próximos. A base já está pronta, basta replicar, tomando o cuidado de adicionar as peculiaridades do mês seguinte. É possível que haja algum gasto sazonal que não existia no primeiro mês, por exemplo. Mantenha o variável da semana igual, a não ser que perceba que está errando (para cima ou para baixo) com muita frequência. Seja paciente com você mesmo. Vale relembrar: resista à tentação de modificar um monte de coisas logo de cara. Acostume-se, em primeiro lugar, ao jeito de monitorar e acompanhar sua vida financeira. Quanto mais natural for olhar para esse pedaço de papel, mais fácil será incluir modificações e, mais importante do que isso, mais fácil será fazer com que nosso dia a dia reflita as modificações que desenhamos no papel.

Se você se sente seguro com o que já desenhou, faça o mesmo para os próximos três meses, prevendo os gastos que terá. Caso você não tenha grande previsibilidade a respeito dos seus números, não há problema, trabalhe com estimativas. Você irá refiná-las semanalmente. Lembre-se sempre de que o saldo do começo do mês seguinte é igual ao saldo do final deste mês. É dessa forma que os quadrantes se conectam. Neste ponto, com os quadrantes prontos dos quatro primeiros meses e o raciocínio incorporado, talvez você queira transformá-los em uma planilha simples, para facilitar os cálculos. A utilização do papel é excelente para fins didáticos, mas se mostra pouco prática quando você começa a rabiscar pequenas modificações. Uma alteração em uma semana acarretará rasuras em todos os quadrantes dali em diante. Não há problemas em criar a planilha, mas a sugestão se mantém: faça do zero, mantenha tudo extremamente simples, sem gráficos, sem letras miúdas, sem fórmulas complexas. Lembre-se de que estamos adotando a planilha eletrônica simplesmente para não precisarmos rasurar o papel a cada pequeno novo registro que, porventura, precise ser incluído. Talvez você acabe criando algo parecido com isto:

		1.200	saldo inicial			3.410	saldo inicial
		-400	**variável**			**-400**	**variável**
		-250	plano de saúde			-1.000	aluguel
		-40	luz			-79	academia
		3.000	salário				
		-100	roupa				
		3.410	saldo final			1.931	saldo final
		1.931	saldo inicial			1.356	saldo inicial
		-400	**variável**			**-400**	**variável**
		-115	celular			-325	fatura cartão
		-60	internet + tv				
		1.356	saldo final			631	saldo final

Sobre incorporar inteligência financeira em nossa vida

Depois da empolgação da fase de planejamento, entramos em uma etapa longa e, por vezes, frustrante: a vida real. Para que esse processo se torne menos dolorido, é importante termos bastante clareza do esforço que será despendido para colocar tudo em prática. Enquanto você está lendo este livro, é provável que seu foco esteja direcionado para a questão financeira da sua vida, mas o livro em breve termina e você retoma seu ritmo normal.

Eu vou precisar ficar alimentando planilha e contando moeda todo dia?

Sejamos objetivos aqui: não. Você precisará, sim, separar pequenas janelas de tempo para pensar em dinheiro. Em um bom dia, sem interrupções e distrações, você levará, no máximo, duas horas para fazer os dois principais exercícios deste livro (a fotografia e os quadrantes). Eles são a base do planejamento. Isso posto, entram a manutenção e as possíveis refações, já que é bem provável que você perceba que errou um bocado na hora de estimar os números pela primeira vez (não se preocupe, é muito comum).

Sobre a manutenção, se deixarmos para olhar só quando estivermos com vontade ou quando tivermos um tempinho sobrando, é provável que a missão obtenha pouquíssimo sucesso. Quanto mais regular, melhor. Se você entendeu bem o que foi explicado nos capítulos anteriores, perceberá que não precisa abrir seu extrato todo dia nem separar um dia de penitência, no final do mês, para fazer a contabilidade e fechar o caixa. Com tudo organizado, você precisará de 20 minutos por semana. Se você é um dos poucos felizardos que dormem oito horas por dia, isso significa que sua "semana acordado" possui 112 horas, logo, 20 minutos são 1/336 (um trezentos e trinta e seis avos) do seu tempo disponível. Preço justíssimo a pagar, na minha opinião. A gente reserva um tempo para pensar em dinheiro, para não precisar pensar em dinheiro o tempo todo.

A gente reserva um tempo para pensar em dinheiro, para não precisar pensar em dinheiro o tempo todo

Se você conseguir deixar um espaço fixo reservado na agenda, melhor. Vai ser difícil encaixar esses 20 minutos de maneira casual e aleatória. Marque o horário e comprometa-se com ele. Com o tempo, isso se torna algo automático, que independe do seu humor. Ouvi de um cliente que o processo de sentar para bater as contas virou algo parecido com escovar os dentes. Não importa quão exausto você esteja, a chance de deixar de escovar os dentes é bem pequena (eu espero). Dá para fazer o mesmo com o planejamento financeiro.

Crie um pequeno ritual:

» Pegue sua folha de papel (ou sua planilha), abra seu extrato, confira se tudo ocorreu de acordo com o que você havia previsto.

» Corrija possíveis erros que aconteceram na semana que passou.

» Se você utiliza cartão de crédito, puxe a fatura parcial e atualize seu planejamento com base nesse valor.

» Dê uma boa olhada no planejamento para as semanas seguintes. Nossa capacidade de prever a semana seguinte é muito maior do que nossa capacidade de prever datas distantes, por isso a necessidade da revisão. Qual será o saldo no começo de cada uma das semanas, deste mês e do próximo? Estão todos coerentes? Se não estiverem, agora é a hora de corrigi-los.

» Se você possui um investimento, e se lhe agrada a ideia de acompanhá-lo de perto, faça-o. Aproveite para entrar no site do banco ou da corretora de valores, veja qual a rentabilidade dos últimos meses, dê uma olhada no seu saldo. Esses dados são importantes, embora não sejam registrados em seus quadrantes. Se para você isso não faz tanto sentido, não há problema, acompanhe de maneira mais espaçada.

Além do processo de revisar o planejamento já feito, existem outras pequenas tarefas financeiras, como o saque do variável da semana. Não é uma regra, obviamente, mas percebo que costuma funcionar melhor se ambos forem feitos sempre no mesmo dia da semana, de preferência na segunda-feira, dia oficial de recomeço. Se deixarmos para fazer quando der, há grandes chances de relegarmos a atividade e cairmos num modo bastante nocivo de operação, apressado, tentando equilibrar pratos e atender urgências. É uma cadeia: a pessoa não atualiza o planejamento financeiro numa semana, não saca o variável, fica frustrada, não quer mais olhar para isso, vai tocando do jeito que dá, não conduz a rotina do jeito que queria e, então, na semana seguinte vai precisar de esforço redobrado para colocar tudo de volta no prumo.

Existem hábitos que servem de gatilho para muita coisa boa. Alguns exemplos: por conta do costume de olhar para o dinheiro guardado toda a semana, pode ser que nos lembremos de não perder nossos objetivos de vista. Por conta de lembrar que o valor estimado para uma semana é X, pode ser que nos lembremos de que tem, ali, um valor reservado para lazer, que talvez não esteja sendo utilizado (você pode pensar: "gosto tanto de ir ao cinema, não sei por que tenho ido tão pouco", ou algo do tipo).

> UTILIZAR O PLANEJAMENTO COMO FERRAMENTA DE REFLEXÃO É FUNDAMENTAL. O VINICIUS (PÁGINA 100) TEM ESSA PREOCUPAÇÃO BEM CLARA. ELE SEMPRE SE PREOCUPA EM VIVER SIMPLES, PARA DEPENDER DE POUCO.

É viável adicionarmos, nesse mesmo balaio, atividades que têm relação indireta com nossa vida financeira, como ir ao mercado, ao açougue ou à feira. Sempre escuto de clientes que uma parte grande do salário é gasta em restaurantes ruins, frequentados com pressa, que servem uma comida bem meia-boca ("o brócolis e o frango têm o mesmo gosto, meu Deus"), e que olhar para os R$ 300 ou R$ 400 reservados mensalmente para o mercado os ajuda a não esquecer que se comprometeram a comer mais em casa, a cozinhar mais.

Se acho que minha vida financeira está equilibrada, por que eu deveria "perder meu tempo" fazendo um planejamento e acompanhando meus gastos? Já está tudo aqui na minha cabeça, e tem funcionado bem.

É importante definirmos o que é estar com a vida financeira equilibrada. Para alguns, é simplesmente ter alguma sobra todos os meses. Para outros, é sentir que o dinheiro está apoiando algo além da manutenção da rotina que você possui hoje. A vida é muito ampla e cheia de possibilidades; considerar apenas seu fluxo mensal como métrica de sucesso é algo muito restrito. Provavelmente existem projetos em que você acredita, causas maiores pelas quais gostaria de batalhar. Quem você apoia? Quais rodas você ajuda a girar?

De todo modo, para além desse olhar mais altruísta, pensar em dinheiro não é só pensar em dinheiro. O planejamento é uma ferramenta através da qual podemos reavaliar nossa vida e nossas prioridades. Não se trata do planejamento financeiro em si. Ele não se justifica sozinho. Se para você se alimentar bem é importante, reflita se o seu dinheiro está sendo utilizado para esse fim. Se você preza por uma rotina menos atribulada, reflita se está construindo sua vida financeira de modo que seja natural ganhar autonomia no futuro. Essas questões são mais importantes que o simples "sobra ou não sobra no fim do mês".

A gente tem que tomar cuidado, também, para não cultivar uma visão ingênua de que dinheiro serve só para pagar as contas. Existem utilizações mais elaboradas. Por exemplo, o dinheiro pode comprar o direito de fazer escolhas. Hoje você pode estar feliz com seu trabalho. Daqui a cinco anos, é possível que não esteja. Sem dinheiro, você se perceberá obrigado a seguir empregando seu tempo em algo que não o satisfaz, para, simplesmente, manter o padrão que possui hoje. Com dinheiro, é bem possível que você se movimente com maior facilidade.

Se para você a maternidade ou a paternidade mais presente é um desejo, sem dinheiro você será capaz de usufruir dela, em sua plenitude, por 150 dias, se você for mulher, e por cinco dias, se você for homem. Em seguida precisará retornar ao batente. Com dinheiro você retoma, com maior facilidade, o direito de usufruir dessa experiência por muito mais tempo. O mesmo raciocínio vale para experiências ligadas a cultura e viagens, por exemplo.

Precisamos considerar, também, que a impermanência bate com bastante força na vida de todos. Um por um, sem exceção alguma. Bate um vento e muda tudo, e às vezes a gente nem vê de onde vem o tapa. Consciência financeira ajuda um bocado nessa hora. Dá para utilizar o dinheiro para proteger o que prezamos – e aqui me refiro a coisas, projetos e pessoas.

De onde vem o resultado que esperamos?

Uma amiga nutricionista me contou como o exercício da sua profissão às vezes pode ser frustrante. "Eu apostaria que mais da metade dos meus pacientes não segue a dieta que eu monto por mais de três meses. Bem mais da metade, talvez. Isso é bem triste." Perguntei, então, por que ela seguia tão apaixonada pela área, e ela me explicou que dá um jeito de enfatizar os pontos-chave, ou seja, a parte responsável por impulsionar o resultado.

Na prática, ela entrega a dieta detalhada, refeição por refeição, já sabendo que é muitíssimo provável que o plano seja deixado de lado e que não há um grande problema nisso, desde que o paciente absorva alguns poucos hábitos capazes de levá-lo a uma vida mais saudável. "Não vejo problemas se ele deixar de medir as porções milimetricamente, todos os dias, ou se ele jogar o papelzinho da dieta fora. Tem coisas mais importantes e impactantes que eu posso ensinar, e, se pelo menos algumas dessas coisas o paciente conseguir incorporar na rotina, meu trabalho foi bem-sucedido." Pedi alguns exemplos, e ela me deu um monte deles: beber água constantemente, entender que arroz e feijão não são os únicos grãos que existem no Brasil, reduzir a quantidade de carboidratos consumidos à noite, encaixar pelo menos um lanchinho à tarde, não pular o café da manhã, cozinhar com menos sal, comer mais em casa e menos em restaurantes, maneirar no açúcar.

Aquela conversa me impactou bastante, e, desde então, vejo isso acontecendo na prática durante o exercício da minha própria profissão. Às vezes, a planilha – ou a folha de papel, ou qualquer outra ferramenta de planejamento financeiro – é deixada de lado por algum tempo, e tudo bem, desde que a gente tenha conseguido tirar proveito de todo o processo de criação e manutenção. O exercício de criar e manter o planejamento financeiro é muito importante e rico, mas mais importante que isso é saber, por exemplo, quanto custa uma semana da nossa vida, mesmo que de forma aproximada. Ter um controle semanal é ótimo, é claro, mas ganhar sensibilidade e traquejo para interpretar os números é que é essencial. "Hummm... não sei quanto dinheiro eu tenho em cada começo de semana, mas já sei

O exercício de criar e manter o planejamento financeiro é muito importante e rico, mas mais importante que isso é saber, por exemplo, quanto custa uma semana da nossa vida

que, se chegou o dia 15 e tenho menos que R$ 2.000 na conta, é sinal de que preciso dar uma segurada, caso contrário vou me complicar no fim do mês."

São pequenas inteligências, muitas vezes sutis, capazes de manter nossa vida financeira saudável. Acho maravilhoso quando recebo uma mensagem de algum cliente antigo dizendo que segue utilizando até hoje o método que desenvolvemos juntos, mas fico igualmente feliz quando vem alguém e me fala "olha, eu não uso o método dos quadrantes que você divulga por aí, mas por sua culpa eu dou uma olhada no extrato do cartão de crédito toda segunda-feira, e isso tem me ajudado demais" ou "depois que a gente parou com a consultoria eu larguei a planilha, mas reduzir o limite do cartão e agendar as transferências foram atitudes que funcionaram muito bem para mim".

A verdade é que é muito difícil mudar, em algumas semanas, hábitos que levamos a vida toda para construir. É um processo longo. Além dessa questão dos hábitos, entra em jogo o que a comunidade científica costuma chamar de pirâmide da aprendizagem, um estudo elaborado na década de 1960 pelo National Training Laboratories (NTL), nos Estados Unidos. A teoria da pirâmide foi bastante contestada nos últimos dez anos (você pode encontrar a teoria completa e as respectivas contestações através de uma busca rápida no Google), mas me sinto confortável em citá-la por aqui com as devidas ressalvas. O estudo pondera, percentualmente, a quantidade de conteúdo que absorvemos de acordo com o método de aprendizagem:

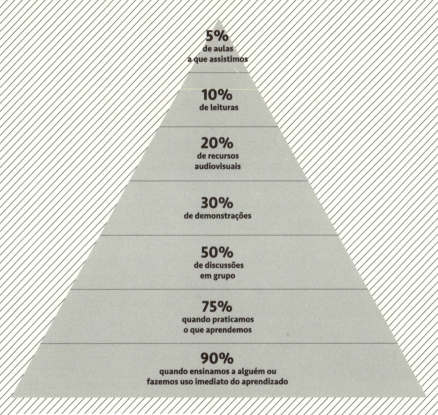

Fonte: National Training Laboratories, Bethel, Maine.

Na grande maioria das situações, somos expostos à educação financeira de maneira bem superficial, lendo um livro ou assistindo a uma palestra. É natural, então, que nossa absorção seja bem baixa. É por isso que os exercícios interativos que cito no decorrer do livro são tão importantes: eles nos colocam em uma posição diferente, de quem apresenta e explica algo a alguém.

5.
Coisas que podem acontecer com seu planejamento financeiro

Inspirados e felizes, montamos um planejamento financeiro em uma típica animação de Ano-Novo. No entanto, assim como acontece em relação às promessas da virada, imprevistos acontecem. O primeiro chega, e, com ele, um pouco da animação vai embora. Mas seguimos firmes. Na semana seguinte, mais dois escorregões, dois fatos não previstos, que não precisavam estar ali. Chegam o mau humor e a frustração. Dias depois, o imprevisto derradeiro. E então desencanamos do planejamento exatamente quando mais precisávamos dele.

Todos temos um limiar interno. Um balde responsável por armazenar imprevistos e fatos que acontecem contra a nossa vontade. Quando esse recipiente fica cheio, nosso potencial de foco e atenção míngua, e acabamos "largando mão" do projeto, seja ele qual for. Basta a quantidade certa de eventos não desejados, e, pronto, estamos à deriva. Quão cansados precisamos estar para desencanar de uma corrida? Quantos chocolates precisamos comer para descartar o regime iniciado na última segunda-feira? Quantos deslizes nosso parceiro pode cometer antes que o acordo de paz firmado na última discussão seja deixado para lá?

Precisamos repensar esse padrão. Não é grande coisa começar um planejamento financeiro na segunda e não resistir ao shopping na quarta-feira seguinte. O problema é esse deslize ser tão doloroso, mas tão doloroso, a ponto de fazer com que desapareça a vontade de avançar. Precisamos de um misto de resiliência e paciência, com as situações e com nós mesmos.

São dois pontos a serem atacados. O primeiro aparece na hora de construir o planejamento. Ele precisa ter margens, espaços para vacilos e metas alcançáveis e realistas. Caso contrário, cada pequeno erro vai trazer consigo um grande sentimento de frustração. O segundo se relaciona diretamente com a *quantidade de imprevistos* com que conseguimos lidar sem sentir uma vontade incontrolável de jogar tudo para o alto. Mais resistentes, com esse balde maior, permaneceremos mais estáveis. A tarde de compras vai ocorrer, num dia de cansaço emocional, mas ela não vai nos tirar do prumo em definitivo. Relaxamos, respiramos e seguimos.

Como lidar com os imprevistos

Quanto mais conhecimento tivermos a respeito do que pode acontecer com nosso planejamento, mais facilmente conseguiremos realizar os ajustes necessários, tão logo surjam os percalços. É importante que você já tenha uma ideia razoavelmente estruturada do que fará caso determinado cenário aconteça. Para começar, tenha em mente que consideraremos o planejamento bem-sucedido se ele permanecer útil e funcional mesmo com os imprevistos. Essa é nossa métrica de sucesso. Às vezes, somos levados a pensar que a vida financeira bem-sucedida é aquela que transcorre sem imprevistos. Isso é uma ilusão, totalmente circunstancial. Não dá para confiar nossa relação com o dinheiro a uma sucessão de acasos. Essa relação precisa seguir saudável, independentemente da fase em que nos encontramos.

Logo nas primeiras semanas, você provavelmente se lembrará de alguns gastos que não foram incluídos na sua listagem. Não há problema. Inclua agora, tanto na fotografia quanto nos quadrantes. Refaça as somas, de modo a ter uma imagem clara e factível das próximas semanas e meses. É curioso como alguns gastos dificilmente passam batido, enquanto outros não saem da nossa cabeça de jeito nenhum. Se você saiu da casa dos seus pais recentemente, é provável que uma série de gastos relacionados ao local em que você mora ainda não esteja incorporada ao seu dia a dia financeiro: luz, água, gás, condomínio etc. Absorva-os aos poucos, sempre lembrando de atualizar também os meses seguintes. Essas pequenas correções não doem tanto. As mais desconfortáveis e trabalhosas, que testam toda a nossa paciência, são as que surgem por conta de gastos imprevistos, esporádicos, como uma ralada de carro, um chuveiro queimado ou uma compra cara que não estava nos planos. Para todos esses casos, o procedimento é o mesmo: adicionar aos quadrantes e refazer o cálculo. É interessante utilizar outra cor nesses casos, para identificar o que é uma despesa usual e o que surgiu de supetão, por conta de alguma eventualidade.

A falta de energia para lidar com as finanças

É provável que seu ânimo oscile e, num arroubo de preguiça, você fique mais de uma semana sem dar uma olhada nos seus quadrantes, por exemplo. Não transforme isso num grande dilema. É imensamente simples retomar. Busque a data-chave (nos nossos exemplos, são as segundas-feiras) e atualize com o valor que encontrar no extrato bancário. Não perca mais do que dez minutos tentando corrigir os valores nas datas que passaram, não vale a pena gastar tempo e energia nisso.

Entretanto, é importante investigarmos bem essa apatia. De onde vem, como se manifesta e, claro, como podemos lidar com ela.

A mensagem abaixo chegou pelo formulário de contato do meu site.

Ganho bem, tenho certa estabilidade, gosto do meu trabalho e tenho uma poupança de aproximadamente R$ 90.000, fruto da venda de um apartamento, há mais ou menos cinco anos. Sei que preciso me organizar financeiramente, uma vez que todo mês eu lasco um pedacinho da minha poupança, mas não consigo fazê-lo. A verdade é que só de pensar na ideia de mexer com números e planilhas eu sou tomado por um desânimo sem fim.

Ano passado gastei R$ 16.000 da minha poupança, nem sei bem com o quê, só com as retiradas mensais que utilizo para deixar minha conta-corrente no positivo. Quando penso nisso, bate um desconforto, fico chateado, mas passa rápido, e eu sigo nesse ritmo confortável (e insustentável). Estou preocupado.

Como encontrar ânimo? O que fazer?

Essa é uma das mensagens mais emblemáticas que já recebi a respeito dos sentimentos que operam contra o planejamento financeiro. E a resposta franca para essa e outras situações similares também é significativa: o que acontece é que o autor da questão não está, de fato, muito preocupado. Ele até gostaria de se envolver, já que a situação realmente carece de atenção, mas não está tão disposto assim. É uma verdade incômoda, mas bastante comum e compreensível.

> SE SOZINHO A GENTE JÁ SE ENROLA, COM OUTRA PESSOA, ENTÃO, O CAOS VEM FÁCIL. NO CAPÍTULO 8, CONTO A HISTÓRIA DE DOIS CASAIS: BENJAMIN E RAQUEL, NA PÁGINA 112, E GUSTAVO E THIAGO, PÁGINA 106. E MAIS ADIANTE, NO CAPÍTULO 12, FAÇO ALGUMAS SUGESTÕES SOBRE COMO PODEMOS ORGANIZAR O DINHEIRO NA VIDA A DOIS (PÁGINA 163).

Ministro um curso de finanças em grupo há alguns anos. Contarei brevemente a história do participante mais dedicado e esforçado que já passou por lá. José tinha decidido se separar da esposa – com quem tinha três filhos – havia seis meses. No entanto, uma vez que suas finanças estavam bem, bem, bem apertadas, ele não conseguia sair de casa. Conta no vermelho, cartão de crédito quase no limite e uma vontade imensa de ter o próprio canto para dar um recomeço para a vida e receber os filhos aos finais de semana.

O curso começava às 19h, mas eu sempre chegava mais cedo, às 17h30, para organizar as coisas. E sempre deixava claro para a turma que eles poderiam fazer o mesmo, caso quisessem tirar dúvidas ou esclarecer um ponto mais específico. O José chegava às 17h, meia hora antes que eu, todos os dias. Assim que eu entrava na sala, ele já estava de caderno aberto, folhas e folhas preenchidas, mil dúvidas.

No intervalo, na hora do café, José me cutucava, pedia desculpas por atrapalhar o único momento em que eu poderia ficar um pouco mais quieto e dizia que queria que eu revisasse o plano que havia feito para resolver o turbilhão em que se encontrava. Não era raro eu ficar 30 ou 40 minutos a mais, depois do término da aula, ajudando-o a resolver alguma dúvida.

Ninguém aproveitou tanto o curso quanto o José. Ele seguiu todos os pitacos que dei, leu todos os livros que sugeri, incentivou todos na sala a fazer o mesmo e, 60 dias depois, no grupo de e-mails da turma, mandou fotos da mesa que havia feito para decorar a sala do apartamento novo, ainda meio capenga. Na maioria dos casos, precisamos chegar ao fundo do poço para encontrar a energia necessária para protagonizar uma mudança. José teve sorte, porque a situação dele ainda estava longe de se tornar realmente grave. Ele pegou impulso no fundo do poço, em 60 dias lidou com tudo e já estava com a vida de volta nos trilhos. Em seis ou sete meses, se tudo corresse bem, as coisas estariam totalmente resolvidas.

Nossa apatia financeira tem origem em algumas bases. Como a relação com o dinheiro é emocional – e não exata, ao contrário do que muitas vezes pensamos –, é provável que não nos enquadremos especificamente em uma, mas que oscilemos entre todas. Vejamos algumas delas a seguir:

1. Ilusão de que o planejamento é algo necessariamente complexo e dolorido

    Esse é o achismo infundado de que o planejamento financeiro necessariamente envolve planilhas, cálculos e gráficos pizza e que o momento de fazê-lo será longo e tedioso. Com isso, surgem a preguiça de começar e, em seguida, a hipersensibilidade – que faz com que chutemos o balde e deixemos o planejamento (ou o aplicativo de celular) de lado logo no primeiro deslize. Nos faltam exemplos de planejamentos simples, rápidos e flexíveis. Na ausência desses referenciais positivos, ficamos com a imagem do chato planilheiro na cabeça. Nada atraente.

2. Crença orgulhosa de que tudo vai dar certo

    De forma velada e elegante, temos a crença de que somos mais inteligentes e capazes do que a média, em especial no campo intelectual. Na fase adulta, esse campo se conecta direta ou indiretamente com a vida profissional. Mesmo que disfarçada sob a forma de uma insegurança charmosa, assumimos uma postura de desdém, de quem se percebe notoriamente à frente dos demais. Por que cuidar com zelo dos recursos que temos hoje se, lá no fundo, no fundo mesmo, sabemos que somos capazes de produzir muito mais quando quisermos? Por que agir da mesma maneira que a maioria, que se preocupa com dinheiro, se estamos em outro patamar?

3. Medo de se perceber incapaz de lidar com as possíveis restrições que o planejamento trará

    Essa é uma aversão à tensão que desenvolvemos quando nos vemos privados de nossas vontades. É importante frisar – e isso parece uma diferença sutil, mas não é – que o que incomoda de fato não é o medo de ficar sem um mimo do qual gostamos, mas sim o medo de nos percebermos incapazes de lidar com o desconforto que surge mediante a privação do mimo. Ficar sem uma viagem de férias não é, realmente, o que incomoda. O que incomoda é nos percebermos tão falíveis, tão pequenininhos, a ponto de não sabermos lidar com o desconforto que surge quando percebemos que a viagem não vai acontecer.

O dinheiro nos dá o privilégio de fazer e refazer escolhas

4. Visão limitada a respeito das possibilidades que o dinheiro traz (e os papéis que ele pode exercer)

Muitas vezes compreendemos o dinheiro de forma bem simplista e rasa, como se a única coisa que ele pudesse nos trazer fosse luxo e conforto. Esquecemos que ele pode assumir papéis mais elaborados e fascinantes. O dinheiro, por exemplo, nos dá o privilégio de fazer e refazer escolhas (trabalhar com isso, e não com aquilo), pode servir de corrimão (afinal, vacilos acontecem a todo momento) ou sustentar nosso direito de impor limites ("prefiro me demitir a ter que fazer isso, chefe"). O entendimento raso faz com que enxerguemos só os benefícios menos interessantes.

O simples fato de nos dedicarmos ao entendimento da causa da apatia já funciona como primeiro passo para lidar com ela, especialmente porque, durante esse processo, será inevitável um mergulho na origem do problema. É na desconstrução que se abre espaço para uma nova postura. A reflexão e a busca por objetivos factíveis que sirvam de motivação (como a guinada de vida do José) costumam ser um bom caminho.

Passe a mandar no jogo: como incorporar seus sonhos ao planejamento

Com o tempo, o acompanhamento da sua vida financeira através dos quadrantes vai se tornar intuitivo, e você se sentirá cada vez mais confortável para manipular os dados expostos ali. É muito importante entendermos que os novos itens devem ser adicionados ao planejamento sempre acompanhados de doses graúdas de realismo, caso contrário o cenário descrito a seguir acontecerá com frequência: "Planejei meu mês com bastante cuidado e percebi que me sobraria algum dinheiro. Resolvi deixar o mês correr, já contando que, na última semana, teria uma grana sobrando para comprar um novo tênis de corrida. Entretanto, a última semana chegou, e eu não tinha sobra alguma".

Por mais que haja cuidado ao realizar o planejamento do mês, se as margens destinadas aos imprevistos não forem respeitadas, é fato que teremos problemas. É importante verificar se os 15% reservados para os acontecimentos não planejados estão sendo levados em conta. Não é preciso fazer uma tabela muito elaborada, basta verificar se o saldo do final do mês contempla as possíveis surpresas:

No exemplo da página anterior, após subtrairmos a margem do valor final, percebemos que há uma sobra, porém pequena. Não conseguiríamos comprar o tênis de uma vez só. Que ótimo termos essa clareza antes de fazer a compra. Teremos o privilégio de escolher o que fazer. Listo três caminhos possíveis:

1. comprar o tênis imediatamente, à vista, torcer para que nenhum imprevisto ocorra e usar a verba listada para imprevistos para cobrir a conta até que o próximo salário chegue;
2. comprar no cartão de crédito, parcelando em duas vezes;
3. separar, em uma conta poupança, uma parte do valor que sobrou neste mês e outra parte no mês seguinte e comprar o tênis à vista, em dinheiro, pleiteando um desconto.

É muito importante fazer as ponderações, mesmo que, no fim das contas, você opte por algum caminho que não o terceiro – o mais seguro e inteligente, financeiramente falando. Ter os caminhos na mão e optar por algum deles já é infinitamente melhor do que simplesmente ser levado por um impulso. Com a margem para imprevistos já contemplada, ficamos livres para alocar o restante da melhor maneira, já sabendo que o planejado provavelmente será cumprido.

✹ ✹ ✹

Antes de pensar em novas aquisições de produtos ou serviços e incluí-las no planejamento, é fundamental entender que só teremos, de fato, um controle significativo do nosso fluxo de caixa quando tivermos uma reserva financeira capaz de nos manter saudáveis, no azul, mesmo diante de um grande revés – uma demissão ou um grande gasto com saúde, por exemplo.

A criação dessa reserva não depende de um vasto conhecimento sobre investimentos. Não é necessário, a princípio, buscar uma corretora ou um consultor financeiro. Na verdade, não é necessário nada que, de alguma forma, possa ser utilizado como desculpa para tudo não ser feito hoje. Tomo a liberdade de ser enfático aqui, porque percebo todos os dias como a falta dessa primeira reserva pode desencadear uma série de desdobramentos graves que colocam pessoas e famílias em situações extremamente vulneráveis. É essa reserva que cobrirá uma dívida no cartão de crédito ou no cheque especial, antes que tudo se torne uma grande bola de neve. Para começar, tome como base uma reserva de emergência no valor de um salário. Se você está com o fluxo apertado, é provável que o processo de formação dessa reserva leve alguns meses. Não tem problema. Começar agora é melhor do que começar no mês que vem.

Uma vez que você tenha a fotografia da sua vida financeira em mãos, um bom jeito de começar a reserva é trocando um gasto fixo por um aporte mensal na sua poupança. Matematicamente é muito simples, e não envolve nenhuma porcentagem, taxa etc. É só uma subtração. Ao colocar as coisas no papel e dividi-las em custos fixos, variáveis e sazonais, já sabemos grosseiramente para onde o dinheiro está indo. Escolha a despesa que menos lhe fará falta, menos lhe trará prazer ou benefício, e corte-a. Hoje. Pode ser uma assinatura de revista, mensalidade de qualquer coisa, uma passada mensal em alguma loja. Tanto faz.

Se você tem costume de usar o internet banking, abra-o agora e transfira o valor dessa despesa para a poupança. Se não estiver habituado a utilizá-lo, pegue o dinheiro da carteira e coloque-o em uma gaveta de casa. Dessa forma, ficamos sem desculpa: se o dinheiro estava lá sustentando esse gasto mensal, é fato que ele estará lá para sustentar essa poupança mensal. Sugiro essa ação com frequência, e continuo me surpreendendo com as soluções que as pessoas arrumam.

Pessoa: "Vou cortar um jantar."

Eu (besta): "Mas jantar não é gasto fixo..."

Pessoa (criativa): "Eu sei que não. Mas eu vou pegar um jantar que já estava marcado (ou que eu marcaria essa semana) e vou cancelar. O que eu pagaria na conta fica como despesa cortada."

Achei muito inteligente. Outra:

Pessoa: "Vou cortar quatro preguiças de ir até o posto da rua de baixo."

Eu (besta, de novo): "Acho que você não entendeu a proposta."

Pessoa (criativa): "Eu abasteço no posto da esquina por preguiça, porque eu esqueço de abastecer no posto da rua de baixo quando passo por lá. Mas agora coloquei avisos no celular. Um tanque meu no posto mais caro custa R$ 135. No posto barato, R$ 120. Ambos de marca boa. Quatro tanques por mês são R$ 60 de economia. É um começo. Vão para a gaveta."

Fiquei sem ter o que falar. São saídas criativas e muito válidas. O importante é, de alguma forma, caminhar em direção a essa reserva, mesmo que devagar.

A criação de outras reservas, para além da reserva de emergência, pode se dar da mesma forma, sempre invertendo a lógica usual de "guardar o que sobrar". O ideal é tratarmos a transferência para a poupança – ou para algum outro investimento mais interessante – como uma conta fixa. Se possível, que seja debitada de maneira automática, sem depender do nosso humor. Atualmente, a maioria dos bancos oferece esse tipo de serviço. Se você não souber programar através do internet banking, pode pedir a um gerente, em qualquer agência. O que você procura é uma transferência mensal recorrente, tendo como destino uma conta poupança ou um investimento qualquer, alocado dentro ou fora do banco. O nosso objetivo é que o projeto caminhe todos os meses, sem exceção. Não deixamos de pagar a conta de água e de luz em um mês de aperto, certo? Por que deveríamos deixar de investir em nossos projetos? Isso vale para projetos de base, como uma reserva de emergência, e para projetos mais ousados, como uma viagem de fim de ano, uma mudança de casa, um curso mais caro, enfim, qualquer coisa.

É interessante também se livrar do fardo de pensar em quanto poupar em determinado mês. Valores fixos são uma ótima ferramenta. Se você já percebeu que em alguns meses consegue poupar R$ 500 e em outros consegue poupar R$ 300, já deixe os R$ 300 agendados, de maneira recorrente. Se sobrar mais, ótimo; se não sobrar, pelo menos os R$ 300 já estão garantidos.

6.
Os motivos pelos quais os planejamentos falham

Complexidade

O planejamento exageradamente detalhado e elaborado, cheio de indicadores e gráficos, parece uma boa ideia quando o foco da nossa atenção está totalmente voltado para nossas finanças. Durante um período de crise, por exemplo, enxergar todas aquelas informações parece, de fato, algo incrível e nos transmite uma sensação de controle agradável. Esse foco, porém, não se sustenta (ainda bem). O tempo passa, as situações se acomodam, e naturalmente voltamos a nossa atenção para outras coisas. Relacionamento amoroso, vida social, cultura, trabalho, casa, enfim, diversas áreas da vida, que são perpassadas pelo dinheiro, porém não o têm como pilar central. É nessa hora que a complexidade atrapalha.

O tempo e a paciência que dedicamos às nossas finanças gradativamente diminuem, os deslizes surgem e olhar para qualquer mecanismo de controle passa a ser desconfortável. Se o planejamento não for muito simples de entender, será deixado de lado ao menor sinal de tensão. Aquelas informações listadas e coloridas se mostram pouco úteis, quase decorativas. Quanto mais complexo for alimentar e atualizar o método de controle que você utiliza, maiores as chances de deixá-lo para trás.

Uma alternativa interessante (e colocada em prática nos capítulos anteriores) é começar da maneira mais simples possível e incrementar seu controle financeiro apenas mediante necessidade clara. Dessa forma, não sofremos com a otimização precoce. Cada pequeno trecho de informação listada no planejamento tem, necessariamente, que ter uma utilidade. Imagine-se explicando seu planejamento financeiro para um amigo. Como você o faria? Seria fácil? Você conseguiria responder às perguntas que ele fizesse? Conseguiria explicar com tranquilidade a função de cada linha?

Muitas pessoas, imaginando que construir um planejamento é algo difícil que demanda muito conhecimento, adotam uma planilha pronta, engessada, e tentam preenchê-la da melhor forma. Não é uma boa estratégia, especialmente porque aquela planilha (ou software) não reflete a maneira como alguém que não a construiu a opera. É viável pegar algo pronto e simplificar, claro, mas começar do zero é ainda mais fácil e compensador.

> VALE LEMBRAR TAMBÉM QUE NÃO HÁ REGRA. A RAFA (PÁGINA 95), POR EXEMPLO, TEM UM PLANEJAMENTO MUITO BEM-FEITO, É MUITO ORGANIZADA, MAS NÃO POSSUI NENHUMA PLANILHA. MANTÉM AS COISAS SIMPLES E FAZ TUDO DE CABEÇA.

Excesso de rigidez

Na pressa de fazermos os números ficarem mais redondos, retratando uma realidade que nos apeteça, é capaz que cometamos três deslizes muito comuns, todos relacionados a rigidez.

O primeiro diz respeito às estimativas. Nós nos iludimos com números obviamente fantasiosos. Por exemplo, se a conta de luz dos últimos seis meses girou em torno de R$ 100, não há por que colocar no planejamento que a próxima conta virá no valor de R$ 50. Há chances baixíssimas de conseguirmos mudar nossos hábitos com tanta rapidez, mesmo que a imagem de algum adulto o mandando apagar a luz venha à sua mente com muita frequência.

O segundo deslize diz respeito a quão generoso e carinhoso você está sendo com você mesmo na hora de consolidar os números do planejamento. Não adianta apertar o cinto, cortar tudo que é restaurante, bar, balada, cafezinho, roupas novas, na esperança de que algo assim se sustente. Não dá para cortar todo e qualquer supérfluo (que vida dura seria essa, aliás). Isso não significa, obviamente, que você deva torrar um rio de dinheiro em pequenices, mas é fato que elas precisam existir.

O terceiro se relaciona com a margem reservada para os imprevistos. Ela não está lá à toa, e não é por estarmos torcendo muito para que não aconteçam que os imprevistos deixarão de ocorrer. Carros quebram, chuveiros queimam, remédios são necessários. Precisamos levar esses gastos em consideração. Vale a pena sofrer um pouquinho agora, vendo os números menos folgados do que gostaríamos, para não sofrer depois, percebendo que a sobra que imaginamos que teríamos não existiu.

Os três pontos, se ignorados, podem resultar em frustração – efeito já citado nos capítulos anteriores – e em um processo elaborado de compensação, algo na linha de "já que me apertei tanto, me esforcei tanto, mereço dar uma chutada de balde e voltar a pensar no planejamento só no mês que vem".

Falta de organização na vida

Pensar em dinheiro nunca é só pensar em dinheiro. É pensar na vida, em geral, com tudo a que temos direito: projetos, planos, dia a dia, desejos, medos, frustrações. E é por isso que a maneira como nos organizamos acaba influenciando nosso planejamento de modo drástico. Onde moramos, onde costumamos comer, quais lugares frequentamos, quanto tempo livre temos, como organizamos nossa casa. Por vezes, nossa rotina é tão caótica, tão pouco previsível, que é simplesmente impossível encaixar um planejamento. Não temos horário para ir ao mercado, não conseguimos escolher um presente justo com preço cabível, não temos cabeça para parar por 15 minutos e olhar para o planejamento. Atendi um cliente que tinha muitos problemas com o cartão de crédito. Sugeri que, por algumas semanas, ele sacasse um certo valor para utilizar no dia a dia. Ele não conseguia, simplesmente porque não tinha tempo de ir até o caixa eletrônico. "Mas nem cinco minutos?", eu perguntei. Ele me respondeu que no dia anterior tinha ficado sem ir ao banheiro, de tão atarefado.

A organização pode partir do básico. No que diz respeito à logística do dinheiro e à burocracia bancária, garanta que você tenha livre acesso a tudo o que precisar, e tenha como meta precisar do mínimo possível. Em praticamente todos os cenários, é perfeitamente viável viver utilizando apenas uma conta bancária e um (ou nenhum) cartão de crédito. Vá até sua agência e certifique-se de que você consegue acessar sua conta facilmente, pelo computador e, se possível, pelo celular. Este livro foi escrito em 2017, e atualmente é bem difícil manipular uma conta bancária sem utilizar o cartão de senha (aquele com uma série imensa de números) ou um token eletrônico. Sobre o cartão de senha, especificamente, enquanto a tecnologia não nos presenteia com um método melhor, é interessante guardar uma foto dele no seu e-mail. Caso você perca o cartão, pedir um substituto costuma ser algo penoso, que carece de umas boas horas pendurado no telefone.

Nossa disponibilidade de atenção é preciosa e extremamente limitada. Por conta disso, elimine o que puder ser eliminado (mesmo que não custe nada). Não faz sentido ter um cartão de crédito que não é utilizado guardado na gaveta, ou uma conta bancária extra, em outro banco, "para alguma emergência". O sistema bancário do Brasil é extremamente avançado, e, se necessário, é possível criar uma conta bancária em questão de minutos.

Nossa disponibilidade de atenção é preciosa e extremamente limitada. Por conta disso, elimine o que puder ser eliminado (mesmo que não custe nada)

Aproveite para colocar em dia os assuntos negligenciados. Isso ajuda a evitar o que costumamos chamar de imprevisto. Se você tropeça, quebra o braço e acaba gastando R$ 600 em remédios, de fato essa é uma situação que foge do nosso controle, um imprevisto real. Mas se você gasta R$ 600 com o tratamento de uma cárie que poderia ter sido facilmente prevenida

com uma visita semestral ao dentista, aí a história é outra. É aceitável e compreensível encarar um imprevisto ou outro, frutos do acaso, mas é desnecessário viver exposto de tal forma que o imprevisto se torne quase provável.

Falta de motivo para o planejamento existir

Algumas atividades são prazerosas por si sós: um encontro aguardado, uma bela refeição, uma viagem de férias. Na maioria dos casos, quando terminadas, não nos dão nenhuma recompensa. Nossa animação por fazê-las está justamente no ato de fazê-las. Não é o caso de um planejamento financeiro. Sejamos francos por aqui: ninguém acorda dizendo "que dia maravilhoso, vou listar meus gastos fixos!".

Pode ser que você se encontre em uma posição um pouco sonolenta, curiosamente confortável. Talvez você até tenha um ou outro plano, mas nada que faça seus olhos brilhar. Não está com dinheiro sobrando, mas também não tem dívidas. Gostaria de fazer uma viagem, mas não é como se você fosse capaz de mobilizar sua vida inteira para que essa viagem aconteça. Gostaria de sair da casa dos pais, mas não está lá com muito ânimo para encarar um voo solo. Gostaria de fazer um curso que o impulsione a um novo emprego, mas até que está tudo bem onde você está. Nesses e em outros cenários análogos, é bem difícil seguir com um planejamento financeiro. Uma vez que o ato de se planejar não é lá muito prazeroso, na ausência de um objetivo claro nossa motivação fraqueja. Falta combustível. Até é possível começar, num ímpeto de boa vontade, mas isso logo passa e dá lugar à apatia.

Não nos planejamos por prazer, nós nos planejamos porque queremos realizar algo, porque gostamos da sensação de controle, porque sabemos que o planejamento aumenta drasticamente a chance de nossos projetos se concretizarem, porque sabemos que sem ele a chance de vacilarmos aumenta. Quando a necessidade é latente, é como se recebêssemos chacoalhões, nos lembrando de por que estamos ali, engajados naquela missão. Quando o planejamento busca um fim em si mesmo, porém, ele é abandonado assim que a primeira dificuldade surge.

Não precisamos de objetivos grandiosos, epopeias. Tem quem seja fã de grandes cruzadas, claro, mas também tem quem goste de levar a vida com menos agito. As duas posturas são válidas, e nos dois casos conseguimos encontrar objetivos capazes de sustentar um planejamento financeiro. Pode ser algo tão simples quanto "nos próximos três meses, vou separar R$ 500 que serão minha reserva de emergência", ou "vou querer aproveitar mais os feriados desse ano, então vou me planejar para separar R$ 250 por mês; com R$ 3.000 dá para aproveitar bem todas as emendas, vou conseguir ir para o Nordeste e para o litoral do Rio", ou ainda "quero ajeitar meu quarto e para isso eu preciso de R$ 1.300: R$ 300 para comprar uma cadeira, R$ 600 para uma mesa e R$ 400 para os itens de decoração". Não há problema em serem objetivos pequenos. Estamos querendo cultivar uma vida financeira saudável, não criar um vídeo motivacional de superação e garra que viralize no Youtube. Narrativas minúsculas e sinceras funcionam, desde que nos toquem de verdade. Para alguns, pode ser uma grande viagem, para outros, a certeza de não receber uma cartinha do banco dizendo que o nome está negativado.

É fundamental que todas as metas sejam extremamente mensuráveis. Dizer que "o objetivo é ter uma vida financeira mais folgada" é muito vago. Procure adicionar detalhes e métricas: "o objetivo é ter uma sobra de R$ 200 por mês, por seis meses, para que seja formada uma reserva de R$ 1.200 que serão gastos nisso, nisso e nisso". Quanto mais claro o quadro se desenhar na nossa cabeça, maiores as chances de segurarmos a bronca até que tudo se torne um hábito. Se você tem em mente um grande passo, ótimo, utilize-o. Caso contrário, reflita com bastante calma, sem pressa, e busque projetos menores. Se não encontrar nada desejável o suficiente, siga com o assunto "finanças" por perto, converse com outras pessoas, seja curioso. Durante rodas de papo sobre dinheiro, quando discutimos questões como "você quer se planejar para...", é bem comum um interromper a fala do outro com algo parecido com "eu também queria muito fazer/ter/ser isso!". Não há motivos para adotarmos uma postura orgulhosa.

A vida é bem maravilhosa e cheia de possibilidades. Se elas não estão claras no momento, não há mal algum em tomar emprestados os olhos do outro.

7. Como aumentar drasticamente a chance de sucesso do seu planejamento

Automatizar as ações benéficas

Na maior parte do tempo, nós sabemos o que precisa ser feito se desejamos cultivar uma vida mais saudável, em todos os aspectos. Sabemos, por exemplo, que precisamos fazer exercícios físicos com certa regularidade. Não o fazemos porque estamos com preguiça, porque somos engolidos pela rotina, porque nos julgamos inaptos, porque não sentimos prazer algum com aquilo, enfim, por algum motivo que certamente não é o desconhecimento da importância daquela atividade. A preguiça e o cansaço, no fim das contas, são justificáveis. Fazer exercício implica deixar de fazer qualquer outra coisa que estejamos fazendo, colocar uma roupa razoavelmente apropriada, nos locomover até a academia, quadra ou parque, colocar o corpo em movimento, nos deslocar novamente até o local onde moramos, tomar um banho, para só então retomarmos a rotina. Em época de energia baixa, é bem compreensível que sejamos tomados pela inércia. Com a nossa vida financeira, a história é bem parecida. Sabemos que precisamos ter uma reserva de emergência, por exemplo, para que um provável contratempo não nos derrube, mas somos tomados pelo mesmo desânimo que cola nosso corpo no sofá enquanto a TV passa oito episódios seguidos de um seriado, sem interrupções.

"Roubar" na atividade física é difícil. Afinal, só sentiremos os benefícios provenientes dela se, de fato, praticarmos. Não adianta ir até a academia, tomar um açaí com banana e voltar para casa torcendo para receber uma dose de bem-estar travestido de endorfina. Se você for até a quadra e se autointitular o tio do churrasco, mesma coisa. Você dará boas risadas, talvez cultive bons amigos, mas os benefícios reais da atividade física, em si, não vão ser obtidos.

Com as nossas finanças a coisa não é tão exata e quadrada. Talvez você consiga exercer uma possível vocação para preguiçoso e, ainda assim, usufruir dos benefícios de uma vida financeira saudável. Podemos "roubar" no jogo e tornar o trato com nossas finanças muito mais fácil, sem despender muito esforço nisso.

Recebi, recentemente, uma foto de um amigo com a legenda "nada como chegar em casa tranquilo". A foto era um quadrado totalmente preto. A mensagem seguinte era "esqueci de pagar a conta de luz". Sempre que possível, coloque as contas em débito automático. Não há motivos para voluntariamente ter a necessidade de lembrar que todo dia 10 (ou 15, ou 20) você precisa entrar no internet banking (ou, pior, ir até o banco) para pagar um boleto. No caso da energia elétrica,

Sempre que possível, coloque as contas em débito automático

é bem pouco provável que você receba uma conta com valores incorretos. Então, vale a pena colocá-la no débito automático. O mesmo não se aplica à fatura do cartão de crédito, por exemplo, onde os erros são frequentes. Ainda assim, na minha opinião, pode ser interessante. Possuo cartão há 12 anos e recebi uma fatura realmente indevida uma única vez. O valor foi debitado da minha conta de maneira automática, eu liguei para o banco, gastei 15 minutos, preenchi um formulário justificando a cobrança indevida e depois de cinco dias úteis o valor pago indevidamente foi creditado. Esforço pequeno se comparado ao benefício de não ter me preocupado com o dia exato do pagamento da fatura durante os últimos 144 meses.

Colocar as contas desejadas em débito automático é apenas uma das várias possibilidades de automatização que podem ser adotadas. Outra possibilidade, altamente recomendada, está relacionada às transferências recorrentes. Imagine que você se proponha a separar R$ 100, todos os meses, para que ao final de um ano possua uma pequena reserva, capaz de segurar as pontas durante um período mais complicado ou incrementar uma provável viagem de final de ano. No primeiro mês, você está com o ânimo a mil. Sabendo que seu salário cai dia 1º, no dia 2 você vai até o banco e transfere os R$ 100 para a poupança. No mês seguinte você pega uma baita gripe e fica sem disposição para ir ao banco fazer a bendita transferência na semana em que deveria. Vai só na outra, mas vai. Vitória. No terceiro mês você briga com a(o) namorada(o), e tudo o que você não quer é encarar uma fila de banco. A data passa. "No mês seguinte transfiro R$ 200", você pensa. Não transfere. Saca os R$ 200 da poupança para engordar a conta-corrente, que estava magrinha, e o plano vai por água abaixo. Agora pense: se, logo no primeiro mês, quando você decidiu colocar o plano em prática, em vez de ter transferido os R$ 100 para a poupança, você tivesse agendado uma transferência mensal recorrente, que acontecesse logo após o recebimento de salário, você teria investido exatamente o mesmo tempo nessa tarefa. Só que, em vez de dizer "eu gostaria de transferir R$ 100 para minha conta poupança", você teria dito "eu gostaria de agendar uma transferência recorrente de R$ 100, todo dia 2". Era só isso que precisava ser feito para que você aumentasse exponencialmente a chance de sucesso do seu pequeno planejamento. Não teria gripe nem briga com namorada(o) que fosse capaz de atrapalhar.

Eliminar cascas de banana (em vez de desviar delas)

Tive um chefe que dizia que, para ser um funcionário mediano, bastava fazer o mínimo. Se uma máquina com quatro parafusos estivesse quebrada, com um dos parafusos meio solto, o funcionário mediano iria até lá, apertaria esse parafuso e voltaria para casa. O funcionário realmente competente apertaria o parafuso solto e conferiria se os outros três parafusos careciam de manutenção. Ele era um cara de chavões. "Não tem por que não fazer um

> **É infinitamente mais fácil negociar a anuidade com calma meses antes de ela ser sorrateiramente embutida na fatura**

esforço agora para evitar que um problema aconteça no futuro", ele dizia, em um português um pouco menos educado do que esse. É possível aplicar esse raciocínio à nossa vida financeira. Dá para viver fazendo só o mínimo, sem antever e reduzir a chance de deslizes, mas é uma estratégia que, na maioria das vezes, não vale a pena. Resolva já o que puder ser resolvido.

É fato que, se você possui um cartão de crédito, em algum mês será surpreendido por uma anuidade – no geral, por conta de alguma lei obscura que rege o universo, será no mês em que você estiver mais apertado. É possível negociar a anuidade no momento em que ela é cobrada, claro, mas é infinitamente mais fácil negociá-la com calma meses antes de ela ser sorrateiramente embutida na fatura.

Muitas vezes temos um fraco por determinados locais, estruturados para estimular o consumo. Acompanhei, por meses, a vida financeira de um cara extremamente vaidoso. A conta nunca fechava, o cheque especial era uma constante. Todo mês eram gastos quase R$ 300 em "farmácia". O gasto era sempre sucedido de um pequeno peso na consciência. No discurso dele: "Eu vou à farmácia para comprar um xampu que custa metade desse valor, mas sempre que estou por ali acabo comprando um creme, uma base, um condicionador... a maioria acabo nem utilizando". Ele já estava convencido de que precisava mudar, mas a empolgação só durava enquanto o peso na consciência existisse. Passava uma semana ou duas, e o desconforto sumia. Durante o período de ressaca, ele pensava coisas como "vou parar de usar esse maldito xampu; da próxima vez que for à farmácia vou comprar um xampu qualquer". Obviamente, isso não acontecia. Possuir inteligência financeira é conseguir direcionar recursos (tempo e dinheiro) ao que de fato importa. No caso do nosso amigo, o que importava era o xampu. Todo o restante era, com o perdão da ironia infame, perfumaria. A solução encontrada foi comprar vários frascos do bendito produto de uma vez só. Dessa forma, ele não precisaria ir até a farmácia com frequência, não precisaria respirar fundo para passar ileso pelo corredor das "ofertas" e poderia continuar usufruindo do produto que, na visão dele, era o mais apropriado.

Não há motivos para assumir uma postura pretensiosa, do tipo: "eu preciso ser capaz de resistir às ofertas". Em algumas situações, a superexposição ao consumo é inevitável, em outras, não. É fato que todos precisamos cultivar autonomia, mas podemos fazê-lo em um cenário controlado, sem que nossa saúde financeira seja colocada em risco, pagando os juros absurdos do cheque especial.

O processo de precaução e eliminação de riscos é uma batalha solitária. Certa vez, organizei uma roda de conversa com universitários para falarmos sobre grana, e grande parte deles já havia sido abordada por bancos que ofereciam uma conta especial, sem taxas, exclusiva para estudantes. Essa conta contemplava também um cartão de crédito. Nenhum deles sabia qual era o limite desse cartão. Uma menina, indignada com o desconhecimento, ligou para o SAC – outra batalha solitária e épica, aliás – para descobrir o valor. O limite concedido a ela era de R$ 2.400. Quase três salários mínimos de 2016. Perguntei o valor médio de uma bolsa de estágio, e eles me disseram que era, com muita sorte, R$ 1.200. Não precisei alongar muito a explicação de quão errada e perigosa era essa desproporção, já que outro participante da roda contou que tivera que pedir o parcelamento da fatura do mês anterior porque a parcela da sua moto tomava mais da metade do valor que recebia, e o final de ano havia sido intenso. Parcelou os R$ 2.000 em 12 vezes de R$ 270, depois de atrasar a fatura duas vezes. Em vez dos R$ 2.000, ele pagou R$ 3.240.

Semanas depois, uma das organizadoras da roda me contou que tinha perdido quase duas horas para fazer com que o banco reduzisse esse limite. A atendente não entendia por que alguém recusaria o crédito generosamente oferecido pela instituição. Corte o blá-blá-blá da maneira mais educada possível, explique que não faz sentido ter tudo isso à disposição, que você não confia em si mesmo tanto assim e que, caso julgue necessário, você volta a entrar em contato, solicitando uma readequação.

PARTE III

VIDAS POSSÍVEIS

8.
Inteligência financeira com os pés no chão

Durante os últimos anos, numa tentativa de aumentar o alcance do meu trabalho, passei a trabalhar também com grupos. A mecânica do curso é simples: 20 pessoas, quatro encontros, um por semana, todo mundo junto em uma sala, cada encontro com três horas de duração. Eu geralmente começo introduzindo algum conceito relacionado a finanças, por cerca de 45 minutos, e a partir daí é prática pura, para mexer na ferida mesmo. Não tem essa de "eu percebo que as pessoas se enrolam porque parcelam as compras...". Lá, o dedo sempre aponta na direção do próprio peito. A ideia é que não seja uma divagação etérea, soltinha, despropositada. Mexemos com nossos próprios números, vamos para casa, tentamos colocar alguma coisa em prática, voltamos na semana seguinte, compartilhamos com os demais, ouvimos pitacos, tomamos e damos broncas.

Foram várias turmas até aqui, cada uma com sua particularidade. Não há distinção de renda nem de momento financeiro. Tem gente que se inscreve porque tem R$ 200 mil na poupança e quer aprender o básico dos investimentos, e tem gente que procura o grupo porque não aguenta mais viver com o nome no Serasa. Tem rico, tem pobre, tem classe média, tem de tudo. É um caos bem gostoso. Passamos pelo básico do planejamento financeiro, em seguida entramos em tópicos mais específicos (compra ou aluga, investimentos, dívidas...). A estrutura do curso lembra um pouco este livro. No fim das contas, são 20 pessoas dispostas a escutar umas às outras. Conforme o grupo amadurece e as discussões ganham corpo, as pessoas percebem que aquele é um espaço seguro e vão pegando gosto por mergulhar na vida financeira uns dos outros, até que chega um ponto em que as percepções extrapolam os números e se tornam mais profundas. O endividado, que antes tinha como único objetivo se livrar das dívidas, olha para alguém que está em situação estável e pensa: "essa pessoa está no lugar onde eu gostaria de estar, e mesmo assim está sofrendo um bocado por conta de dinheiro". O rico olha para o cara que é mais rico que ele e percebe que ele também sofre, também vive ansioso. O sofrimento muda de roupa, é claro, mas ele está sempre ali. Saber que estamos todos no mesmo barco é muito reconfortante.

Para mim, que conduzo o grupo, a experiência é particularmente interessante, porque por vezes me coloco no papel de observador. Percebo que, em vários dos encontros, eu falo pouquíssimo, e mesmo assim a turma avança bem. No começo, com a turma tímida, as perguntas são mais direcionadas a mim, mas o tempo passa, e, como num estalo, aqueles desconhecidos se enxergam como grupo, e as perguntas passam a ser abertas. Todos palpitam, todos respondem, todos duvidam, todos consolam, todos dão bronca. O mais incrível, de fato, é trocar ideias com quem está ombro a ombro conosco, enfrentando problemas parecidos, despido de qualquer fachada. A potência do pitaco é incomparável.

Lembro-me bem de um diálogo entre dois participantes do grupo. Uma menina, bem novinha, e um cara mais velho, mais vivido, mas bem simples, humilde mesmo. A menina contou que, mês sim, mês não, ela ia ao dermatologista e que a consulta era cara, quase R$ 600. Ela sentia que nos meses em que tinha consulta o mês já começava desfalcado, e aí ela chutava o balde. Não tinha mais coragem de olhar para o planejamento e só ia retomar o controle no mês seguinte, que era mais folgado, já que não tinha consulta. O homem, vendedor, bom de papo, falou, contando nos dedos: "por que você não finge que tem uma conta de R$ 300, todos os meses, e coloca o dinheiro em um envelope? Aí, nos meses em que tem consulta, você vai lá e pega o dinheiro". Se você for em uma grande livraria, certamente encontrará conselho parecido em mais de uma centena de publicações sobre educação financeira. Mas ali era diferente. Ali era um conselho dado só para ela, por alguém que tocava a vida de um jeito parecido com o dela, que enfrentava (ou enfrentou, em algum momento da vida) problemas parecidos com os que ela lidava agora. O lugar de onde vem o conselho é tão importante quanto o conselho em si.

Discussões sobre estilo de vida são bastante frequentes nos encontros. Todos escutam com fascínio os pormenores da vida financeira do outro. Quanto uma pessoa comum gasta de mercado? Como faz para se alimentar uma semana inteira com apenas R$ 100? Existe gente que não é milionária e gasta R$ 6.000 com restaurante todo mês? Quanto uma pessoa com salário razoável gasta num presente para a namorada? É um fetiche inocente, uma curiosidade meio que secreta, que a gente tem pouca chance de sanar e que pode afetar drasticamente a maneira como enxergamos nossa própria vida financeira.

Este capítulo é uma pequena resposta à nossa curiosidade. São 11 histórias sobre a vida financeira de gente comum, que ganha entre R$ 1.000 e R$ 12.000 por mês. As histórias são reais, construídas após entrevista. A maioria dos personagens nunca tinha falado sobre esses números para ninguém – aliás, dos entrevistados, acho que só dois ou três já tinham dado entrevista alguma vez na vida. Veremos muitos hábitos financeiros interessantes e muitos outros bem destrutivos – ou seja, este capítulo passa longe de ser uma cartilha de boas práticas.

Compare as histórias, perceba que pessoas com rendas muito parecidas vivem vidas completamente diferentes. Note também que, de acordo com o critério que você adotar, vai concluir que, em alguns casos, uma renda maior não significa maior qualidade de vida. Aproveite a experiência, leve os acertos e os tropeços das outras pessoas em conta na hora de definir seus padrões.

Por fim, vale o exercício: se você fosse um dos entrevistados, qual seria sua história?

Luana, 29 anos, designer gráfica, mineira boa de festa

A Luana é de festa, no tempo livre e no trabalho. No tempo livre, porque curte uma balada, e na vida profissional, porque trabalha em uma. Ela é designer gráfica e monta todas as peças promocionais de uma casa noturna – as mais sérias são utilizadas para o marketing das festas, e as mais avacalhadas apenas para divertir o público. Nos primeiros minutos de papo, ela me contou das máscaras com o rosto do vocalista do grupo Molejo que havia feito na semana anterior (quem nunca se divertiu cantando alguma música do Molejão que atire a primeira pedra). Recebe tudo em dinheiro: o salário, o vale-alimentação e o vale-transporte. São R$ 5.600 no total. Além disso, tem mais dois frilas fixos, que, juntos, rendem mais R$ 1.300. Renda total de R$ 6.900. Nada mal.

Mora em Belo Horizonte, sozinha, em um apartamento pequeno, que comprou por R$ 230.000 juntando grana de várias formas: uma parte veio de uma herança deixada pela avó; outra parte veio do pai, que contribuiu com R$ 40.000; e ela ainda precisou completar os R$ 50.000 restantes com a poupança que tinha feito nos anos anteriores. Logo, ela não tem grandes gastos com moradia. O mais pesado é o condomínio mesmo, R$ 510. De resto, R$ 120 de luz (dá-lhe chuveiro elétrico), R$ 205 de TV a cabo e internet e R$ 100 de faxina.

Na hora de listar os outros gastos, a Luana soltou um "eles não fazem muito sentido..." (mas o que são, exatamente, gastos que fazem sentido, não é mesmo?). Questionei o porquê dessa sensação, e ela me explicou: ela gasta valores bem diferentes daqueles gastos pela maioria de seus amigos. Com celular, gasta R$ 40, com roupas, R$ 700, com festa, R$ 600. "Não sei se está muito certo eu gastar com roupa mais do que eu gasto com festa."

Coloca R$ 800 todos os meses na poupança, mas diz que, em breve, vai dar uma estudada em alguma modalidade mais interessante de investimento. De todo jeito, a vida caminha: já tem R$ 20 mil guardados, de novo. Além dos R$ 800, coloca R$ 130 em uma previdência, apesar de não entender muito bem como funciona (contratou por conta de um conselho do pai).

Gasta, todo mês, o vale-refeição de R$ 350, mais R$ 400 reais no mercado. Falando em alimentação, me contou da academia com um pouco de vergonha: são R$ 300 todos os meses, mas ela nem lembra a última vez que foi.

Perguntei se ela achava que algum dia conseguiria ganhar mais, e ela mandou um "sim", na lata. Perguntei "fazendo o quê?", e ela me respondeu: "Menino, não sei, minha terapeuta sempre me pergunta isso. Aliás, pago terapia todo mês, R$ 180". A terapeuta foi a responsável por mudanças bem significativas na vida dela. A mais recente foi o silicone nos seios: pagou metade à vista e a outra metade em permuta. Ela vai cuidar das imagens das redes sociais da clínica onde fez o implante.

Pedi para que ela desse um conselho sobre finanças aos leitores, e ela se espantou: "Eu? Eu sou péssima com dinheiro!". É sempre curioso como nossas percepções são muito emocionais, não calcadas em argumentos mais concretos. A Luana consegue tocar uma vida que julga boa, separa um bom dinheiro todos os meses, por que não haveria de ter um bom conselho para dar? Após alguma insistência, levantou a bola da academia. "Só assuma um compromisso de longo prazo depois de ter experimentado bem. Eu poderia ter ficado uns dois ou três meses no plano mensal da academia, para ver se me adaptaria, e só depois decidir se valia a pena ou não contratar o plano anual. Foram quase R$ 2.000 jogados no lixo."

Rafaela, 34 anos, historiadora, "foco, foco, foco"

A Rafa leva a coisa a sério. Tem um filho, o Matheus, de 6 anos. Se separou do ex-marido há cinco anos e se mudou com o filho de volta para a casa da mãe, em Osasco, região metropolitana de São Paulo. Só conseguiu colocar as finanças nos eixos depois de enfrentar um período de crise, logo após a separação. "Foi no cartão de crédito." Se ela olha para trás com a cabeça que tem hoje, julga a dívida pequena, mas não era essa a percepção da época: "Era grave o suficiente para fazer com que eu não dormisse tranquila". Ela conta que se endividou depois da perda de um dos empregos. Ela tinha dois, um deles rendia R$ 500 por mês e o outro, R$ 1.500. Perdeu o que pagava melhor e teve que se virar com a renda do menor. Foi muito difícil. Hoje, mais experiente, recebe R$ 5.800, somando salário, vale-refeição e auxílio-educação.

Quer, mais do que tudo, um apartamento para morar só com o filhote, e já colocou o plano em prática, com um foco de dar inveja em palestrante motivacional de evento de fim de ano. Deu R$ 40.000 de entrada, há um ano (valor juntado com disciplina espartana, mês a mês), e agora aguarda o início do financiamento, já que a obra atrasou. Ainda não sabe qual será o valor da parcela, mas já está se preparando: dos R$ 5.800 que recebe, separa algo entre R$ 2.000 e R$ 3.000. Ela também já possui mais R$ 40.000 guardados, na poupança. Perguntei se eram R$ 40.000 redondos ou se era mais ou menos, e ela me respondeu, rindo, que não sabia, já que olha pouquíssimo, para não cair na tentação de gastar.

Para dar conta de pagar a nova morada o mais rápido possível, vive com o cinto apertado. O maior gasto é com a escolinha, R$ 1.100. É a conta principal do mês. De alimentação, entre almoço na empresa e o mercado, vão R$ 900. Ela e o filho fazem Kumon, que custa mais R$ 430. Plano de celular por R$ 69, R$ 150 entre táxi e transporte público e R$ 200 em bares e festas. Na categoria vestuário, ela e o Matheus gastam, juntos, R$ 100 por mês. "E tem mês que nem isso, não ligo muito para roupa." Todos os meses vão R$ 380 entre psiquiatra e remédios. Esse gasto é obrigatório há dois anos, quando começou a sofrer com crises de pânico e ansiedade. No mais, R$ 80 de academia e, vez ou outra, material para o Kumon e para a escola do filho. Vida enxuta de quem aguarda um financiamento que promete ser bem puxado. Os gastos com a saúde do filho (médico e dentista) ficam por conta do pai.

Criou algumas rotinas para facilitar a vida e garantir que os planos se concretizem. O 13º salário, por exemplo, tem destino certo. "Metade vai para o presente de Natal, meu e do Matheus, e a outra metade vai direto para a poupança. Nesse mês de janeiro, por exemplo, eu comprei uma televisão, porque o Matheus gosta muito de jogar videogame e a TV de casa estava muito ruim. Eu ia comprar em dezembro, quando recebi, mas estava tudo muito caro, então resolvi segurar até aparecer alguma promoção. Só peguei a manha de me organizar assim depois de ter quebrado a cara."

Perguntei, por fim, se ela tinha algum gasto meio secreto, do qual tinha um pouco de vergonha. "Sex shop... mentira! Adoraria, mas morro de vergonha de entrar. Não tenho nenhum gasto vergonhoso, não. Nem drogas eu uso."

Martim, 27 anos, doutorando, da cidade pequena para a selva de pedra

Martim saiu de Saltinho, pequena cidade com 7 mil habitantes no interior de São Paulo, para estudar na Unesp, em Rio Claro, uma cidade mais parruda. Começou a estudar Biologia e não parou mais. É daqueles alunos que realmente curtem a universidade: foram três bolsas durante a graduação, uma por conta do estágio no laboratório e outras duas por projetos de pesquisa. O Martim foi o primeiro da família a fazer faculdade. Emendou o mestrado e hoje, já morando em São Paulo, batalha pelo doutorado. Sempre admiro as pessoas que têm tino para a academia.

Ele se sustenta com uma bolsa da Fapesp (fundação do governo que apoia pesquisa científica) no valor de R$ 3.400. A bolsa mais gordinha foi um alívio, já que, desde que terminou a graduação, deixou de contar com o apoio que vinha do pai. De lá pra cá, toca a vida por conta própria. Quando veio para São Paulo fazer o mestrado, a bolsa ainda não tinha sido aprovada. "Eu basicamente só estudava. Meu pai me mandava R$ 400. Desses, eu usava R$ 150 para pagar o alojamento do Jardim Botânico, onde eu dormia, e com o restante eu me alimentava."

Hoje a situação é outra, mas Martim mantém os hábitos simples. Dos R$ 3.400 que recebe, guarda R$ 1.000, e os R$ 2.400 restantes bancam a sua rotina. "Meu, eu ganho R$ 3.400, não é possível que eu não consiga separar R$ 1.000." Divide a casa com um casal e mora próximo da universidade onde cursa o doutorado. São R$ 750 de aluguel, R$ 40 de luz, R$ 10 de gás e R$ 50 de internet. De transporte, entre táxi e transporte público, gasta R$ 196. "Minha primeira opção é sempre, sempre o ônibus. Eu só pego táxi quando estou com outras pessoas que se incomodam de pegar transporte público." De celular, vão R$ 55.

Almoça todos os dias num bandejão no Jardim Botânico, e cada refeição custa R$ 4, o que soma R$ 80 por mês. Além disso, vão R$ 400 de mercado e R$ 200 em outras refeições, especialmente no final de semana. "A regra básica é comer em casa, comer fora é exceção." Perguntei quanto ele gasta com roupa, e a resposta, em transcrição exata, foi "zero", seguida de risadas. "Não, sério, eu gasto muito, muito, muito pouco com roupa. Quando vou para minha cidade, no fim do ano, minha mãe me leva a Piracicaba e eu compro alguma coisa. Eu realmente não sinto necessidade." Perguntei sobre sapatos e tênis, e ele me contou que o único calçado para o qual ele dá atenção é o tênis que usa para jogar vôlei (joga três vezes por semana, de graça, no Sesc). Esse ele considera investimento. Pagou R$ 400 no último par (que foram pagos em cinco vezes de R$ 80). Sempre dura um ano. Paga R$ 100 por mês de academia, não tem plano de saúde (usa o sistema público) e "camisinha eu pego no posto". "E farmácia?", perguntei. "Você sabe que eu sou biólogo, né? Curto um negócio mais natureba, quase não tomo remédio."

Martim acha que poderia ser mais econômico. Falei que a vida dele parecia bem simples, e ele retrucou. "Eu acho que eu vivo em um paradoxo, porque minha vida é simples, sim, mas às vezes eu sinto que deveria viver com menos, tem tanta gente que vive com tão pouco. Talvez eu pudesse gastar menos com moradia, morar num bairro mais barato, talvez." Perguntei com o que ele gostaria de gastar mais, e ele me contou que acha essa reflexão difícil. "Tenho vontade de fazer uns cursos livres, relacionados à minha formação. Eu pego muito livro emprestado também... Estou lendo agora o *Guia do Mochileiro das Galáxias*." Perguntei sobre algum gasto que dê vergonha, que não conta para ninguém, e ele seguiu a conversa: "Bom, tem a maconha, né? Mas é muito pouco, coisa de R$ 10 por mês".

Se a renda dobrasse, ele me contou que compraria um carro. E pararia de beber cerveja barata.

Julia, 25 anos, paulistana, sempre atrás das lentes

Julia vive com o porta-malas sempre cheio de equipamentos de vídeo. Trabalha como videomaker, então carregar tripés, luzes e câmeras faz parte do seu dia a dia. Ela é a responsável pelos vídeos produzidos na empresa onde trabalha. Entrou como assistente, há pouco mais de quatro anos, e de lá para cá acumulou experiência e confiança. Hoje assina o processo de cabo a rabo e tem muitas peças patrocinadas por marcas importantes em seu portfólio. Ela não é registrada (CLT), e o vínculo dela com a empresa se dá através de um contrato. O valor pelo serviço é fixo: R$ 4.000.

Pedi para ela me contar um pouco sobre os próprios gastos. Ela me pediu um minutinho e soltou: "Meus gastos fixos somam R$ 791". Explicou tudo em seguida: R$ 140 de celular, R$ 220 de gasolina, R$ 350 de contador e R$ 81,90 entre as plataformas de filmes e músicas on-line, além da assinatura dos softwares que usa para trabalhar. Ela mora com os pais. Tinha planos de alçar voo solo e alugar uma casa com o namorado no curtíssimo prazo, mas resolveu segurar a onda quando sua mãe foi diagnosticada com câncer. De todo jeito, ela e o namorado separam R$ 100 cada um, todos os meses, para ajudar na provável mudança. "Ainda não tem prazo, mas, como a gente sabe que vai precisar da grana, achamos melhor começar logo."

Ela leva os investimentos a sério. Contratou uma consultoria financeira (não, leitor, não fui eu quem deu essa consultoria) para montar uma carteira de investimentos que fizesse sentido, e hoje divide a grana que sobra todos os meses entre três lugares: R$ 500 vão para um fundo de renda fixa, R$ 600 vão para a previdência e R$ 100 vão para o tesouro direto.

Perguntei sobre os outros R$ 2.000 (já que R$ 791 são gastos fixos e R$ 1.200 são investimentos), e entramos em um pequeno buraco negro. "Eu realmente acho que sou organizada, porque faz tempo que não entro no vermelho, mas eu não tenho muita clareza do que faço com o resto. Olha, eu e o Fê (namorado) saímos bastante, mas não faço ideia de quanto gastamos." Pedi que ela desse um passo para trás e começasse a pensar em uma saída, apenas. "Ah, uma saída dá uns R$ 100." Aí ficou fácil, foi só multiplicar pela quantidade de saídas por semana e, então, por mês. Chegamos a R$ 800, gastos com lazer. Faltavam cerca de R$ 1.200 para a conta fechar, e nós seguimos no papo. Foram alguns minutinhos quebrando a cabeça, até que o estalo veio. "CURSOS! Eu gasto com cursos!" Em seguida, ela me contou que não gasta sempre, mas que, se fosse dividir por período, é provável que alcançasse algo próximo de R$ 1.000 por mês. O resto vai em compras on-line.

"Eu penso em dinheiro em todo começo e fim de mês. Eu queria poder comprar uma casa. Porque, pensa bem nas minhas contas, são várias coisas legais que eu não gostaria de deixar de fazer, incluindo os investimentos. Seria inviável incluir um aluguel no meio disso tudo. Com a renda que eu tenho hoje, quando eu precisar, de fato, sair da casa dos meus pais, eu certamente vou ter que deixar de poupar, e isso é algo bem complicado, já que eu não sou funcionária registrada, não tenho fundo de garantia e tudo o mais."

Ela conhece bem a cidade. Nasceu e cresceu em São Paulo. Antes mesmo de eu perguntar qual conselho financeiro daria para alguém, ela já disse, categórica: "Vale muito a pena procurar alternativas. Tem muita coisa incrível para fazer na cidade a preço baixo. De verdade, é muito mais legal sair de bike por aí do que gastar um monte de dinheiro em um restaurante aleatório. Nos últimos tempos, a bicicleta foi uma coisa muito legal que entrou na nossa vida. Porque o que a gente quer é encontrar os amigos, né? Não é bem frequentar um restaurante chique. Então a gente achou uma turma boa, e o passeio do final de semana tem sido andar de bicicleta por aí".

Se um dia ganhasse na loteria, disse que montaria um centro cultural, um lugar que abrigasse arte. "Já pensou? Morar em um lugar e o andar de baixo ser um centro cultural? Gravar lá, produzir coisas bacanas?"

Vinicius, 31 anos (ou 30), trilha sonora de vida simples

"Eu não lembro se tenho 30 ou 31, de verdade. Espera, deixa eu fazer as contas... Não, é 31 mesmo, certeza, pode anotar." O Vinicius é dono de uma produtora musical em São Paulo. Ele, o sócio e os funcionários produzem a trilha sonora de vários dos filmes e seriados de televisão mais aclamados do cenário nacional, com direito a elenco famoso e tudo o mais. Ele é formado em música, já deu muita aula de violão para bancar a vida e agora se dedica à parte de criação e gestão da empresa. Divide casa com um ex-colega de faculdade – aliás, o lance de dividir a casa é algo de longa data, pois quando estudava dividiu moradia com outros 12 amigos (ele jura que era tranquilo).

Retira um pró-labore de R$ 4.000 todos os meses, sem décimo terceiro. Vez ou outra, quando um dos filmes que produz estoura, recebe direitos autorais. Em 2016, foram quase R$ 13.000, que foram direto para a poupança. Ele, no entanto, faz questão de fazer a vida caber no valor que recebe todos os meses. Quando ele fala, parece fácil. Mora ao lado de uma estação de metrô. A casa, com duas faxinas por mês, compras básicas dos produtos de limpeza, internet, água e luz, custa R$ 1.400 para cada, já com seguro-fiança incluído. Ele acha o valor excelente, tanto pela localização quanto pela estrutura da casa. Não é fã de controles, mas sente que a coisa meio que dá certo porque ele é econômico por natureza.

Com transporte, gasta pouco, já que a maior parte das atividades ele faz a pé: a casa é perto da produtora (e a produtora é perto dos botecos que frequenta). No total, entre táxi e bilhete de metrô, gasta pouco mais de R$ 100 por mês. De mercado, vão R$ 80 por semana, logo, R$ 320 por mês. Para as refeições que faz fora de casa, usa o vale-refeição que ganha da mãe (cerca de R$ 300). Para além dos R$ 300, gasta cerca de R$ 150, do próprio bolso, compondo R$ 770, então, de gasto com alimentação. De lazer, para um bar ou cinema, vão R$ 200. Não é muito fã de roupas, mas tenta comprar regularmente. Sente que gasta R$ 200 a cada vez que compra, e faz isso cinco ou seis vezes por ano.

"Eu não diria que gasto excessivamente. mas sem dúvida eu gostaria de economizar. Não (só) para acumular dinheiro, mas por questão de princípios mesmo. Eu gosto da ideia de a minha vida custar pouco. Quanto maior é meu custo, maior a necessidade de ganhar. Eu certamente poderia gastar menos com alimentação fora e mais com viagens. Eu sempre acho que dá para se divertir tanto quanto (ou mais) gastando menos. Eu também queria poder gastar mais com equipamentos de som."

Recentemente, resolveu dar um jeito de organizar a atividade física, que praticava por conta, mas carecia de regularidade. Ele se inscreveu em uma academia (de crossfit) e frequenta quase todos os dias. Paga R$ 360 e acha bem caro (o que o deixa com bastante peso na consciência). O plano de saúde sai do próprio bolso, R$ 350.

Perguntei se ele tinha perspectiva de melhorar a própria condição financeira, aumentar os ganhos e tudo o mais. Ele me respondeu que sim, mas que pretendia focar na outra ponta, na dos gastos. "Pretendo ir morar com a Bruna (namorada) em breve, e quero configurar as coisas para gastar menos do que gasto hoje." Pedi um conselho financeiro, e a resposta acabou me impactando bastante. "Não sei se tenho muita competência para dar um conselho financeiro a alguém, mas acho que o que eu tenho de melhor para falar é que vale muito a pena refletir de maneira fria sobre cada decisão de compra, sempre pensando que dinheiro você consegue por trabalho, que o trabalho toma tempo e que o tempo é, basicamente, a sua vida. Talvez não faça sentido embarcar numa jornada maluca, que implique em consumir o único recurso realmente finito que a gente tem."

Aninha, 23 anos, sempre com a mochila atrás da porta

"Eu odeio trazer marmita para o trabalho. Meu sonho é poder gastar meu vale-refeição todo dia." Essa foi uma das primeiras coisas que a Aninha me disse. Perguntei como ela fazia para gastar o VR com outra coisa que não comida e recebi um olhar que, se tivesse tradução, seria algo como "deixa de ser ingênuo, moleque". Ela me contou, em seguida, que vendia o cartãozinho abastecido com R$ 700 por R$ 600 em algumas lanchonetes que fazem a manobra, e que esses R$ 600 complementam o salário de R$ 700 que recebe como estagiária em uma empresa que presta serviço para o governo, no setor de habitação social. Recebe, então, R$ 1.300 no total. "Peguei trauma. No ensino médio eu levava marmita, mas não tinha geladeira na escola, aí estragava direto."

Mora com a mãe e o irmão, e os dois filhos ajudam em casa. Ela paga a conta da internet e dos serviços on-line de música e filme que consomem (R$ 200), e ele paga a conta de luz ("Não faço ideia, mas acho que é menos que R$ 200."). Com roupa, gasta pouquíssimo. A cada três meses dá uma passada na 25 de Março (região de São Paulo com lojas populares e barraquinhas) e busca promoções. "Minha mãe até briga, fala que eu deveria comprar mais, me arrumar mais… mas eu acabo gastando com viagem mesmo." Pedi para ela me contar sobre as viagens, e foi como se tivéssemos aberto a caixa de pandora. "Já fui para Los Angeles, para Nova York e acabei de voltar de Londres." Perguntei se tinha outra renda, e ela riu. "Não, é só o dinheiro do estágio mesmo, é que eu viajo num esquema barato. Na viagem a Nova York, por exemplo, eu comecei a organizar tudo dez meses antes. Reservei a casa de família em que eu fiquei e paguei em duas vezes. Depois disso, todo mês que sobrava um dinheirinho eu comprava nem que fosse 50 dólares, 70 dólares, 100 dólares, o que desse." Em seguida, contou que ficou esperando ansiosamente a promoção da passagem aérea, que veio três meses antes da data da viagem. Parcelou a passagem em cinco vezes. Se enrolou para passar o fim de ano, mas disse que valeu a pena, demais. "Se eu não estou juntando dinheiro para viajar, estou pagando uma viagem que já fiz. Sempre tem algo relacionado a isso no meu cartão de crédito, cerca de R$ 600 por mês." A estratégia é gastar o salário nominal (R$ 700) com as viagens e sobreviver com o vale-refeição, mas nem sempre o plano é bem-sucedido. Na maioria dos meses, o cartão de crédito vem próximo de R$ 1.000, que basicamente representa as parcelas relacionadas às viagens, aos shows e às festas que gosta de frequentar.

Paga a anuidade do cartão em seis vezes, R$ 30 por parcela. Conforme o papo sobre os pequenos gastos evoluiu, entramos em outro centro de custo: a fé. "Eu cresci na igreja, frequento desde os 7 anos. Atualmente cruzo a cidade para chegar lá, mas vale a pena, porque é lá que eu me sinto bem, vou todo sábado e domingo." Além do dízimo (R$ 70) – "pra mim, isso nem é custo, Deus me deu tudo, porque eu não posso dar 10%?" –, Aninha gosta de participar das convenções que acontecem de tempos em tempos. Falei que era impossível que o salário dela bancasse tudo isso, e, de novo, ela riu. "Não, é que a gente dá um jeito de levantar dinheiro para ir aos eventos. Minha líder costuma vender água no farol, e às vezes nós vamos com ela, dá para fazer um bom dinheiro. Teve um sábado que nós fomos em seis meninas e conseguimos quase R$ 500 de lucro."

Disse que sabe que vive uma vida bem além do que poderia bancar ("ninguém que ganha R$ 1.300 por mês viaja para fora do Brasil todo ano!"), mas está consciente de que isso só é possível porque conta com a base que a mãe oferece. Fica aliviada por ter o nome limpo e sente que seria bastante capaz de enxugar tudo isso, caso a conta batesse no negativo. Vê perspectiva de melhora no curto prazo, assim que conseguir um emprego registrado. Por enquanto, está bem trabalhando no setor administrativo, mas no futuro gostaria de trabalhar com produção de eventos. "Eu entrei nessa faculdade (Fatec) porque era a opção gratuita mais perto de casa, e acabei gostando do curso. Eu gostaria de achar um trampo que me pagasse uns R$ 2.000, mas eu aceitaria menos, se fosse na minha região. Não quero ficar desempregada de jeito nenhum. Ano que vem quero fazer uma plástica que custa uns R$ 7.000."

Comentei que achava curiosa a maneira como ela elencava as prioridades, e ela concordou: "É bem curiosa mesmo. Ano passado teve festa de fim de ano na igreja e todo mundo foi de roupa nova, só eu fui com minhas roupas de sempre. Me senti mal, jurei que não viajaria mais e que trocaria meu guarda-roupa. Dois meses depois comprei outra passagem".

Bruna, 32 anos, expatriada saudosa de Minas Gerais

Publicitária que não trabalha com publicidade, a Bruna é programadora de filmes de cinema. Devo ter esboçado uma reação de ignorância quando ouvi o nome do cargo, e ela emendou a explicação. Um programador cuida da grade do cinema, quais filmes entram, quais filmes saem, negocia com as produtoras, enfim, faz a coisa acontecer. Ela é bem experiente na área, sofreu um bocado nos primeiros anos, trabalhando com cinema independente, mas conseguiu uma posição-chave em uma grande rede. Hoje recebe R$ 6.800 de salário, mais os benefícios. No total, R$ 7.630 entram na conta, todos os meses.

O apartamento alugado, já com o condomínio, custa R$ 2.250. As demais contas da casa são: R$ 25 de gás, R$ 60 de luz e R$ 250 da TV a cabo. No cartão, entram plataformas on-line de filmes e música (cerca de R$ 40), táxi (quase R$ 450 por mês), compras pessoais (R$ 200 por mês) e as parcelas das compras para a casa, feitas recentemente. A mineira expatriada hoje mora em Moema, bairro de alto poder aquisitivo em São Paulo, e está pagando aos poucos os móveis que comprou para a nova morada. Antes de morar no apartamento bonito, forrado de pôsteres dos filmes que negocia no trabalho, dividia outro com uma amiga. "A mudança para o novo apartamento foi uma delícia, adoro minha vida aqui, mas sei que junto com o aluguel mais caro vieram gastos que antes eu nem sonhava em ter. Muitas e muitas vezes acordo atrasada e acabo indo de táxi para o trabalho. Por isso esse gasto imenso com transporte." No cartão entra também a depilação a laser, R$ 170 por mês, que tem data para acabar, mas ainda faltam cinco parcelas. O vale-refeição não dura o mês todo, então ela complementa com R$ 200. As outras refeições ela faz em casa. Numa conta por cima, estima gastar R$ 400 de mercado por mês. "Mas isso inclui o vinho também…"

Não sobra grana todo mês, então ela acaba deixando para guardar nos meses em que o salário vem mais gordinho (13º ou bônus). "Hoje só tenho R$ 4.000 guardados, porque raspei a poupança toda na mudança para cá. Daqui a três meses recebo o bônus e pretendo refazer a reserva." Perguntei sobre férias, e ela retrucou com um "o que é isso?!". Explicou que nos últimos anos, por conta das trocas de emprego e da grana curta, não tirou férias, mas que é gasto obrigatório nos próximos tempos. "O bônus deve vir generoso, espero conseguir guardar, viajar e, talvez, bancar uma parte do silicone que quero colocar." Além do bônus e dos benefícios tradicionais, a empresa banca também o inglês e a academia. "Eu sinto que eu gasto mais do que deveria, mas tenho muita preguiça de 'produzir a economia', fica difícil encaixar isso na rotina. Eu gostaria de gastar mais com roupa e menos com táxi."

Bruna tem uma planilha, com todos os custos e uma projeção de seis meses. Antes detalhava tudo, gasto por gasto, mas acabou ficando complexo demais (agora são dois cartões). Comprou uma pastinha recentemente e está guardando todos os comprovantes ali. "Eu tenho uma tendência ao débito, mas com a mudança da casa ficou difícil. Descontrolei recentemente, antes eu morava em um quarto, agora moro em um apartamento inteiro. Precisei comprar muita coisa. Usei a poupança, mas precisei do crédito para ajeitar o resto. Eu não queria ficar com a casa incompleta, é complicado morar sem sofá."

Se a renda dobrasse, guardaria a maior parte para dar entrada em um apartamento em Belo Horizonte, para a mãe morar. "Quero muito tirar minha mãe de onde ela está. Hoje ela mora em uma casinha da família, onde minha bisavó morou, mas a casa não é dela. A qualquer momento algum parente pode precisar da casa para fazer outra coisa, daria uma baita confusão. Decidi ajudar minha mãe nessa e espero conseguir agilizar tudo em cinco anos." Bruna diz sentir uma "culpa católica" por pagar um aluguel caro em São Paulo enquanto a mãe está passando aperto por lá. "Ao mesmo tempo, fico bem receosa de ajudar minha mãe com dinheiro, criar uma dependência e deixá-la em uma zona de conforto. Ela é nova, quero muito que ela se ocupe."

Já no finzinho do bate-papo, lembrou-se de um último detalhe: além das saídas gastronômicas, separa uma verba (R$ 500) para o lazer. "Sou mineira, moro em bairro ajeitado, mas gosto de um boteco, né?"

Gustavo e Thiago, 32 e 30 anos, drinques e risadas, muitas risadas

"GUSTAVO! Não esquece de separar a roupa para ir à academia!" "GUSTAVO! Cadê meu drinque?" "Ai, Thiaguinho, larga de ser chato!" Gravei a entrevista com o casal e sentei para escrever o texto. Enquanto organizava os dados todos, não conseguia ficar sério porque não parava de me lembrar da dinâmica adoravelmente maluca do casal e da risada solta do Gustavo – é uma pena que você esteja conhecendo essa história através de um livro. Eles namoram há nove anos e moram juntos há quatro, sendo três em apartamento próprio, na Serra, bairro central de Belo Horizonte.

Thiago é gerente de um hotel e recebe, por mês, R$ 5.450. Gustavo é coordenador administrativo na empresa da família e recebe R$ 5.720. Comentei que eles ganhavam valores parecidos e perguntei como dividiam os gastos. O Gustavo me explicou logo em seguida:

Gustavo: "Eu pago a parcela do financiamento do apartamento e o Construcard que a gente usou para fazer a reforma. Isso dá uns R$ 2.600. Eu adoro o apartamento."

Thiago: "Por ser antigo, o prédio precisa de reforma e os vizinhos não querem contribuir com um fundo de caixa maior para fazer alguma coisa.

Então tem problemas de telhado, infiltrações, pintura etc. Mas fora isso, só de morar na Zona Sul, a menos de dez minutos da Savassi e do Centro, que é onde se concentra nossa vida, já vale a pena."

Thiago paga as contas da casa: R$ 300 de condomínio, R$ 220 de TV a cabo, R$ 130 de luz e R$ 90 de IPTU. Para balancear a divisão, transfere R$ 500 por mês para o Gustavo. O financiamento vai longe. Perguntei se eram 10 ou 20 anos, e a resposta foi: "Não faço ideia, acho que é para a vida inteira, mas a parcela vai reduzindo todos os meses".

Dividem os gastos do carro. O motorista é o Gustavo. Quando o Thiago está no carro, ele banca a gasolina, quando o Gustavo está sozinho, ele paga. "Acaba dando meio a meio, eu acho." O seguro fica por conta do Gustavo, o IPVA, por conta do Thiago. "O seguro a gente usa bastante, porque eu bato o carro que é uma beleza." De mercado vão R$ 800 por mês, e quase metade disso é pago com o vale-alimentação do Gustavo. A compra semanal garante a alimentação saudável dos dois: marmita todo dia. As refeições fora de casa ficam para o final de semana (R$ 500 por mês, grande parte desse valor pago com o vale-refeição do Thiago). Bem inteligente esse esquema de uma modalidade de cartão para cada um.

Thiago: "Esse mês eu gastei bastante porque comprei roupa para trabalhar."

Gustavo: "Eu acho que você gasta uns R$ 200 todo mês, alguma coisinha a gente sempre compra."

Thiago: "Não sou igual a você, não! E olha que o Gustavo sempre fala que não tem roupa..."

Thiago gasta por volta de R$ 150 em farmácia todo mês. Já o Gustavo não gasta quase nada, mas banca a farmácia dos bichos. Eles têm dois. O Favorito, um yorkshire, e a Naomi, uma gatinha. Somados, os gastos todos (farmácia veterinária e demais apetrechos) dão R$ 310 por mês. "Jesus, que veterinário carérrimo, senhor do céu."

Os dois curtem vinho e possuem a assinatura de dois clubes. No total, são R$ 300, que rendem seis garrafas. São bons de festa, costumam sair uma ou duas vezes por semana e estimam que gastam nisso, por mês, R$ 700.

Frequentam muitos shows também – "coloca aí na entrevista que é show bom, Lady Gaga, Rihanna, Madonna, e tem os festivais também". Em média, R$ 50 por mês. Tem época que gastam mais, tem época que gastam menos.

Para as viagens de férias, costumam se programar dando uma segurada nos meses anteriores. "Mas nas últimas férias fomos pra Floripa e não planejamos nada, usamos o dinheiro das férias que o Thiago recebeu mesmo." Os dois são bem viajados. Já tinham dado umas voltas por aí antes de começar o namoro e mantêm o pique até agora.

"A gente não tem as divisões muito bem-feitas, mas o que a gente sabe é que no fim do mês acaba o salário dos dois." Nunca brigaram por causa de dinheiro. Quando a conta de um está no cheque especial, o outro compensa. "A gente não guarda dinheiro nenhum, mas também não gasta mais do que ganha. Quando acaba o dinheiro, a gente para de gastar. Mas eu acho que a gente deveria guardar mais... mas é que as coisas são tão bonitas." De todo jeito, não se arrependem. "Vai que eu morro amanhã, vou fazer o que com o dinheiro?" Disseram que o custo de vida foi bem reduzido, mas que começaram a gastar mais nas viagens. "Quanto tempo faz que a gente não vai a uma boate, Gustavo? A gente parou de viajar estilo mochileiro e começou a viajar igual dois trintões."

Perguntei se eles sentem que vivem com alguma privação, e o Thiago falou que gostaria de jantar fora mais vezes, mas que isso não é uma grande questão, já que ele também adora ficar em casa.

"E adora também minha comida, né, Thiago? Não é? Hein? Vai, responde para ele agora!"

Carol, 19 anos, um passo de cada vez

A meta da Carol é crescer junto com os pais. Hoje moram todos juntos – a Carol, um irmão de 10, um irmão de 16, pai, mãe e avó. A casa é alugada e fica em uma avenida movimentada de Itaquaquecetuba. Ela dorme com a avó, o pequeno dorme com os pais e o mais velho dorme na sala. Não tem muito espaço, nem para quarto próprio, nem para reclamação, mas isso não parece ser problema. Carol tem 19 anos hoje e faz estágio em um órgão público, no setor administrativo. Passou em um concurso e está aguardando ser chamada. Em breve trabalhará na Unifesp (universidade bem respeitada de São Paulo) e poderá exercer o que aprende no curso de secretariado executivo (gratuito, na Fatec). Hoje recebe R$ 750 por mês; quando for chamada para assumir o novo cargo passará a receber R$ 2.200.

Além dos R$ 750 da bolsa de estágio, recebe o vale-alimentação, que deixa com a mãe. São R$ 790 que viram marmita. O salário tem destino contado. Assim que o dinheiro pinga na conta, R$ 60 vão para um título de capitalização, conselho que recebeu do pai. "Se eu pudesse tirar antes, eu tirava, então esse título é bom porque só me deixa resgatar o dinheiro depois de dois anos. Comecei há nove meses. É daqueles que têm sorteio, chama Torcida alguma coisa." Paga o gás de casa (R$ 52), carrega o celular (R$ 25), coloca R$ 50 no bilhete único – para complementar o vale-transporte que recebe da empresa – e de vez em quando paga a pizza que a família pede de sexta-feira.

Sai duas ou três vezes por mês, para ir ao cinema ou a alguma festa. Cada saída custa, em média, R$ 60. "Agora que estou de férias tem sido bem mais fácil, consigo ir ao cinema de quarta-feira, que é mais barato." Gosta de comprar roupa de uma amiga e geralmente parcela. "Sempre tento ficar com uma parcela de R$ 100. Minha última compra foi de R$ 500, aí parcelei em cinco vezes." Ela sente que alguns meses são mais complicados que outros. "Mês que tem material escolar é difícil, já que eu compro o meu e o dos meus irmãos. E mês que tem dentista é mais caro também." Sobre o dentista, paga R$ 65 em mês comum, por conta da manutenção do aparelho, e R$ 100 em mês que tem limpeza para fazer.

Organiza o dia a dia através de um cartão de crédito sem anuidade que contratou. "Só não vai no cartão o que não dá. O salão onde eu faço a unha, por exemplo, não aceita. Lá eu pago R$ 30 para fazer mão, pé e sobrancelha, vou todo mês." Não usa cheque especial ("quando acaba o dinheiro eu deixo de sair, isso é regra"), nem possui grandes dívidas. Perguntei se ela sentia que gastava mais do que devia, e a resposta veio rápido: "Gasto, com certeza. Às vezes vejo que preciso de uma calça jeans, vou lá e compro três. Acho que sou vaidosa, mas não muito, minha base eu comprei há três meses, dura bastante, acho que o que pega mais são as roupas mesmo".

A sensação de gastar mais do que pode vem do extrato bancário, pois perto do dia 20 o saldo já está quase zerado.

Assim que deixar de ser estagiária, planeja começar o curso de inglês e a faculdade de ciências contábeis. Orgulhosa, conta que, desde que começou a receber algum dinheiro, parou de recorrer aos pais quando precisa de algo. "Logo mais dou meus próximos passos. Quero ajudá-los antes de começar a pensar exclusivamente na minha vida. Assim que me chamarem e eu me tornar funcionária pública, vou comprar uma casa pra gente."

Lorena, 28 anos, reorganizando tudo e vivendo melhor

"Eu tô cheia de imprevistos! Todo mês tem alguma coisa. Ou a bicicleta estraga, ou o chuveiro queima, ou eu preciso comprar algo para a casa... Minha planilha financeira virou enfeite." A frase saiu no primeiro minuto de entrevista, logo depois de a Lorena me contar que a estratégia de sempre tem falhado. Normalmente ela fazia a soma dos gastos fixos, subtraía do que recebia e chegava ao valor que poderia gastar por semana. "Sempre sobravam uns R$ 900, aí eu dividia por 4 e sabia que podia gastar, por semana, uns R$ 200 e pouco. Só que agora, todo mês, alguma coisa acontece, e o dinheiro que eu tinha para passar a semana não basta, e eu acabo precisando tirar da poupança." Foi morar sozinha há pouco mais de seis meses, em um apartamento pequeno, na região sul de São Paulo. Além do mestrado, presta serviço em sua área de estudo, uma vez por semana, para uma empresa privada. A renda total, somando a bolsa do mestrado e a remuneração no setor privado, é de R$ 3.713. Antes do mestrado, no emprego anterior, como técnica social, recebia R$ 4.200, mais R$ 600 de vale-refeição, mais o plano de saúde.

Somando aluguel, condomínio e conta de luz, gasta R$ 1.420. De resto, seu custo de vida é barato. Se alimenta no bandejão da universidade onde é mestranda, e o almoço do mês inteiro custa R$ 88 – se você, como eu, não está acostumado com os preços de um bandejão, é essa maravilha mesmo: R$ 2 por refeição. Nos finais de semana, come no Sesc, que também oferece refeições baratas. Além disso, faz mercado e pede pizza, toda semana, por R$ 120 e R$ 30, respectivamente.

"Espera, deixa eu fazer uma conta aqui... Meu Deus!"

Perguntei o que tinha acontecido, e ela riu – fiquei aliviado, achei que ela tinha se lembrado de algo grave. Ela seguiu: "Na verdade eu estou percebendo muitas coisas durante essa conversa. A conta só está fechando razoavelmente porque meu pai me ajuda. Desde que eu fiz a opção por sair do emprego e seguir no mestrado, ele me ajuda com quase R$ 500, todo mês. Só que eu faço duas doações, todos os meses, para duas instituições de confiança, no valor de R$ 500 também... Acabou de cair a minha ficha de que, na verdade, quem está doando dinheiro é meu pai".

Ela contou que, na mudança, com a planilha-enfeite meio que deixada de lado, nunca havia parado para pensar nisso. Perguntei se ela sentia que se privava de algo, e ela me respondeu: "Sim, chocolate e cerveja". Antes comprava chocolate chique e cerveja artesanal, mas na queda de salário percebeu que não teria mais condições. A respeito do lazer (R$ 100 por mês), não se sente podada pelo dinheiro, já que a própria rotina é agitada demais para grandes extravagâncias. "Muitas vezes coloco em prática uma estratégia de estudante: quando sei que tenho um aniversário em um bar, eu janto antes, assim acabo gastando muito menos."

Ela foi bem enfática ao dizer que não se arrepende de ter ido morar sozinha – antes ela morava com uma tia. Perguntei o motivo de não estar arrependida, já que atualmente ela gasta mais, ganha menos e acaba tendo que se privar de mais coisas, e a resposta veio direta: "Eu acabei descobrindo vários traços e vontades minhas que eu nem sabia que existiam, acabei me percebendo mais madura, mais disposta a fazer planos". Quando voltar a trabalhar em tempo integral, espera ganhar um salário próximo ao que ganhava antes. "Espero reorganizar as coisas, viver com mais folga, talvez trocar a bicicleta, que é meu meio de transporte principal. Mas já consigo ajeitar uma parte das coisas agora, né? Hoje eu estou meio que tirando da minha poupança ou, pior ainda, da ajuda do meu pai, para fazer doações, isso não faz o menor sentido. É melhor doar para mim mesma, por enquanto. Como eu não tinha parado para pensar nisso antes?"

A gente quase nunca para e pensa, Lorena.

Benjamin e Raquel, os dois com 30, muita sintonia e pouca logística

"Quel, vamos fazer aquele café que a gente comprou essa semana, é incrível. Amuri, você tem que experimentar." Eu não gosto de café, mas o anúncio foi tão apaixonado que eu fiquei constrangido de negar. Benjamin é uma daquelas pessoas obsessivas e irresistíveis. Nada é "qualquer" – nem "barato" nem "o que tinha na prateleira". Não é qualquer café, é o café cultivado na Serra do Caparaó, torrado na hora, grão por grão. Também não é qualquer vinho, é vinho escolhido a dedo na importadora, armazenado na temperatura certa. Ele fala com tanto carinho e brilho de cada detalhe que depois de meia hora descuidado você não entende como viveu tanto tempo sem cada uma das várias coisas que ele cita com tanta paixão. A Raquel é artista da cabeça até o pé. Trabalha em uma escola na Barra da Tijuca, no Rio de Janeiro, é mestre em educação pela UFRJ, atriz e conhecedora do cenário cultural carioca. Metralhadora de espirituosidade, soltou alguns pares de piada sobre fingir o padrão de vida para enganar o consultor financeiro antes de entrarmos no papo mais sério. "Desculpa a bagunça do apartamento." O apartamento em questão é extremamente bem localizado, mas fica em um prédio muito antigo, sem elevador. Benjamin mora lá há seis anos, Raquel se juntou a ele há três, pouco tempo antes da festa de casamento. Pagam todo mês R$ 1.520 no total, incluindo aluguel, condomínio, água e luz. Todos os amigos acham que é mentira, de tão barato que é.

Raquel tem uma poupança de R$ 20.000. "Ah, tem também um CDI que puxa direto da conta-corrente." "Um CDB?" "Isso! Toda vez que minha conta fica negativa, ele puxa automático de lá. É bom porque nunca fica negativo."

Benjamin: "R$ 7.000 na corretora de investimentos e tem mais R$ 10.000..."

Raquel: "Não! Você não tem ainda, não mente!"

Benjamin: "Não, Quel, eu tenho, eu recebi ontem."

Raquel: "Mas você não investiu ainda. Você tem que falar o que tem hoje, para de roubar!" (risadas, risadas, risadas)

Benjamin: "Mas eu vou investir, vou investir!"

Vivem com um carro só, bancado pela Raquel. Benjamin cuida das contas da casa. O lazer, eles dividem (de um jeito meio caótico, mas dividem). Benjamin dá aula de contrabaixo em uma escola de elite, quatro vezes por semana, e se apresenta com uma big band em dois bares, fim de semana sim, fim de semana não. No total, em média, recebe cerca de R$ 7.000 por mês. Raquel recebe R$ 4.200. De celular, vão R$ 100 para ela e R$ 150 para ele. Gostam de comer bem. Muito bem, na verdade. Por mês, em restaurante, vão cerca de R$ 4.000. "Qualquer coisinha por aqui é R$ 100, né?" Costumam levar vinho para a casa dos amigos. Começamos esse trecho da conversa pensando que gastavam R$ 200, mas terminamos descobrindo que eram quase R$ 400. Não possuem grandes luxos com vestuário, gastam R$ 200 por mês cada um. Raquel gasta R$ 350 de Uber. Benjamin gasta mais, por conta do trajeto casa-escola e casa-bar. Quase R$ 1.000 por mês. Raquel conta: "Eu acabo utilizando pouco o carro, especialmente porque a gente não paga estacionamento, então, quando eu tiro o carro da vaga da frente aqui do prédio, eu tenho medo de não conseguir colocar de novo depois. Uso mais no final de semana, para visitar meus pais. Aliás, meus pais bancam o seguro e o IPVA, baita ajuda".

Viajam duas vezes por ano. Perguntei se eles se planejam para viajar ou se parcelam.

Benjamin: "Nunca parcelo nada, nunca, é proibido parcelar."

Raquel: "Na verdade, é meio confuso. Lembra que você não conseguia passar os R$ 10.000 da passagem pra Europa no seu cartão e eu passei no meu? Aí seu pai falou que daria as passagens de presente? Esse dinheiro nunca chegou para mim! Justamente porque a gente não planeja! Acabou que você está me devendo essa viagem inteira. Quando chega em julho, eu geralmente tenho o dinheiro, aí eu acabo pagando, mas eu fico bem brava, de verdade, porque..."

Benjamin: "Para mim isso tudo não faz sentido, eu nunca tenho a sensação de dívida, para mim nós estamos sempre quites, mesmo que eu pague mais."

Raquel: "Mas o ponto é que a gente não planeja e eu acabo bancando essas coisas que fogem da rotina."

Benjamin: "Me dá sua conta que eu vou transferir agora."

Raquel: "Não, não precisa fazer agora."

Amuri: "Me contem dessa última viagem que vocês fizeram, para a Bahia."

Raquel: "Deu R$ 6.000 de pousada, de carro foi uns R$ 250, mas deu R$ 1.600 de manutenção, mais R$ 2.000 de alimentação."

Sobre a logística do dinheiro, eles não têm o costume de conversar.

Benjamin: "Na verdade eu acho que o lance de dividir as coisas é meio broxante. Parece que tira a alegria de oferecer. Por exemplo, essa almofada. Se eu fui à loja e paguei, do meu bolso, e trouxe pra casa, ela é nossa, eu estou oferecendo, eu gosto dessa sensação de oferecer. Se a Quel vai lá e compra esse quadro e traz para casa, ela está oferecendo e eu fico feliz de receber. Agora, se a gente divide fica torto pra mim... eu não gosto de rachar nada."

Raquel: "É... Se a gente fosse rico esse seria o modelo ideal..."

Benjamin: "Você sabe que você pagaria mais se a gente dividisse, né?"

Raquel: "É, mas aí seria mais igualitário, acho. Ruim se alguma opinião sua sobre a vida em casal deixa o outro desconfortável, né?"

Perguntei se eles sentem que vivem com alguma privação (ou se fazem absolutamente tudo o que querem). A Raquel respondeu que não, o Benjamin respondeu que sim. "Ué, Quel, mas você sempre diz que gostaria de morar num apartamento que bate sol e tem piscina." Ela concordou e achou graça no jeito calmo e delicado dele de falar. Deixou escapar um sorriso de canto de boca que aliviou a pequena discussão.

A renda variável do Benjamin torna tudo bastante confuso.

Raquel: "Às vezes, ele faz um show e ganha R$ 10.000, aí vê algum projeto de que gosta muito e doa R$ 1.000, sem nem pensar, como se fosse muito rico..."

Benjamin: "Eu acabo não me preocupando em guardar dinheiro para o futuro porque eu sempre conto com uma rede que me apoia, que acompanha meu trabalho, que se beneficia."

Amuri: "Mas e quando você estiver mais velho, com 70 anos?"

Benjamin: "Eu nem sei se eu vou chegar até lá."

Amuri: "Mas e se chegar?"

Benjamin: "Se eu chegar aos 70 e tiver vivido direito, eu não vou precisar de tanto dinheiro assim, não estarei sozinho, estarei cercado de pessoas. Se eu chegar aos 70 anos e não tiver vivido direito, eu estarei sozinho, e aí ter um monte de dinheiro não vai servir para nada. A velhice não me motiva em nada a guardar dinheiro."

Raquel: "Eu me motivo a guardar dinheiro para não precisar ficar preocupada com isso caso eu não receba salário, por exemplo; é meio que simples assim."

Perguntei o que fariam se a renda dobrasse. Benjamin foi sincero. "Eu vou dizer que guardaria dinheiro, mas na verdade acho que gastaria." Todos rimos nessa hora. Já Raquel seria mais mão-aberta com cursos, disse que se matricularia na ioga, mesmo sem ter certeza de que frequentaria.

Pedi um conselho financeiro e recebi dois bons:

Benjamin: "Não faça dívidas, de maneira nenhuma, nunca. Gaste o que tem, fim. Se você tiver, ótimo. Se seus pais puderem dar, ótimo. Se seu parceiro puder dar, ótimo. Caso contrário, não faça."

Raquel: "Eu diria pra não maltratar seu 'eu do futuro'. Não tome atitudes e decisões que vão colocar seu eu-de-daqui-a-um-ano em maus lençóis. Não deixe dívidas pra ele, trate-o bem, deixe que ele decida livremente no que quer empregar o tempo e os recursos que tem."

Agradeci pela entrevista e vi a Raquel apontar discretamente para a adega que fica no canto da sala.

Benjamin: "Amuri, você tem que experimentar esse aqui."

PARTE IV

QUESTÕES
DA VIDA REAL

9.
Cartão de crédito: um pedaço de plástico que realiza sonhos (e cobra por isso)

O cartão de crédito merece um capítulo inteiro em um livro sobre finanças. Não porque o ato de utilizar o cartão seja intrinsecamente bom ou ruim, mas porque giram em torno dele pontos fundamentais para entendermos um pouco melhor como funciona nossa relação com o dinheiro.

Logo de início, minha sugestão é que você fuja das soluções prontas, encaixotadas e definitivas, do tipo "use" ou "não use". Um pouco porque, em se tratando de finanças – e, desconfio, de praticamente todas as áreas da vida –, o método que funciona para um pode não funcionar para o outro. Somos seres bem únicos, e não é de espantar que cada um de nós lide com o dinheiro (e, consequentemente, com o crédito) de maneira tão particular. Tem quem odeie e ache que ele é a causa de grande parte dos nossos problemas financeiros – e talvez essa pessoa tenha razão –, e tem quem ache que é algo maravilhoso por facilitar a organização e, de quebra, render umas milhas – e talvez essa pessoa também esteja certa. Cada uma defende a sua posição em seu contexto, com as ferramentas que possui até o momento. De todo modo, aprofundar um pouco a discussão em todas as pequenas questões que compõem esse cenário complexo pode ser um exercício bem proveitoso.

A publicidade nos faz crer que é tudo muito simples, que é só assinar meia dúzia de formulários e pronto, temos um pedacinho de plástico na carteira capaz de realizar nossos planos e sonhos. Isso nos induz a um entendimento bem raso de como o banco e, especificamente, o crédito funcionam. A mecânica, entretanto, é realmente fácil: você recebe um cartão magnético e, através dele, consegue efetuar compras de maneira presencial e virtual. Presencialmente, basta que o vendedor tenha uma máquina compatível com seu cartão e que você insira sua senha. Já pela internet, basta que você informe os dados, e o provedor se encarrega de processar sua compra, nem da senha precisa.

Assim que você passa o cartão ou insere seus dados, o banco paga o valor da compra ao vendedor, descontando uma "pequena" porcentagem por ter intermediado a transação. No final do mês (ou do período acordado com o banco no momento da contratação do cartão), é gerada uma fatura, com todas as compras efetuadas. Temos duas datas importantes envolvidas nessa pequena bagunça. A principal delas é a data de vencimento da fatura, ou seja, a data em que você precisa pagar ao banco o total gasto naquele período. É uma data mensal fixa. Se for no dia 18, por exemplo, será todo dia 18, a não ser que você peça para mudar.

Então quer dizer que eu pago no dia 18 todas as compras que eu fizer até dia 17, né?

Não, e é aqui que começam a surgir as complicações. Para que o banco tenha tempo hábil de organizar tudo de maneira consistente, ele precisa de tempo. Por conta disso, o fechamento da fatura ocorre de 10 a 15 dias antes da data de vencimento. Ou seja, supondo que sua fatura vença no dia 18 e que o banco precise de 15 dias, a data de fechamento da fatura será dia 3. É comum escutarmos por aí alguém dizendo que "está esperando o cartão virar" para comprar tal coisa. No nosso exemplo, o cartão "viraria" no dia 3. Todas as compras efetuadas após o dia 3 só serão cobradas no dia 18 do mês seguinte.

Aqui, vale um adendo. A fatura de cartão passa longe de ser uma obra de arte – na verdade, na maioria dos casos, fica bem evidente que o emissor investiu um bocado na contratação de economistas, mas poupou bastante na contratação de designers –, então é preciso ter bastante atenção (e malícia) para identificar as informações importantes presentes ali. Tem informação em todos os cantos, e o linguajar muitas vezes é intimidador. Traduziremos, sempre que possível. Essa "data que o cartão vira", por exemplo, muitas vezes aparece na fatura com o título "melhor data para compra". Além disso, o cartão geralmente vem acompanhado de uma anuidade, que é debitada no próprio cartão de crédito. Os valores variam bastante, de acordo com os benefícios que o cartão oferece e, muitas vezes, pasmem, com o "status" proporcionado aos donos do cartão. Bandeiras tidas como mais luxuosas usualmente cobram anuidades mais caras. Muitas vezes, cartões "mais simples" oferecem os mesmos benefícios por um terço do preço. O cartão "gourmet" cobra pela elegância com que senta na carteira.

Antes de falarmos sobre o limite (ou seja, sobre quanto podemos gastar utilizando determinado cartão), é importante termos bem claro o que está acontecendo, de verdade, quando você "passa no crédito": você está contraindo uma dívida.

O cartão de crédito é um empréstimo, sim

A gente costuma associar a imagem do endividado a quem está sofrendo, sem dinheiro, com seu bem-estar ameaçado, mas essa é uma associação bem ingênua. O cartão de crédito é um empréstimo, sim. Diferentemente (mas não muito) do empréstimo pessoal tradicional, no qual você pega um montante de dinheiro e paga em parcelas, com juros, no caso do cartão de crédito o empréstimo é feito no momento da compra e é quitado no momento do pagamento da fatura. Se você respeita o acordo (ou seja, paga tudo em dia), a transação toda acontece sem a incidência de juros.

Exemplo: você compra uma cadeira, que custa R$ 200, e passa no cartão. O vendedor recebe esse dinheiro imediatamente, mesmo que você só pague os R$ 200 uns 15 ou 20 dias depois. Você, em momento algum, dará seu dinheiro ao dono da loja de cadeiras. Seu dinheiro vai para o banco. É ele quem paga a loja de cadeiras, e isso caracteriza o empréstimo.

Ao contrário do empréstimo pessoal tradicional, em que você precisa contar com a boa vontade do gerente, no cartão de crédito já está tudo pré-aprovado, com data de pagamento definida e tudo o mais. O banco gerencia quanto ele pode nos emprestar, estipulando um limite. Esse limite é definido de acordo com a impressão que o banco tem a respeito da sua vida financeira. Em teoria, o banco calcula quanto dinheiro ele nos confia, de acordo com a renda e o histórico que possuímos.

Na prática, essa definição de limite é bem contestável. O banco é livre para definir quanto oferecer. O limite é o total de dinheiro que o banco disponibiliza para empréstimos através do cartão de crédito, e não o valor máximo da fatura. Esses valores são diferentes porque o cartão possibilita o parcelamento das compras.

Para exemplificar, vamos utilizar a cadeira de R$ 200, comprada utilizando um cartão cujo limite é R$ 1.000. Poderíamos ter optado, por exemplo, por parcelar em quatro vezes de R$ 50. Nesse caso, se nenhuma outra compra for feita, o valor presente na fatura de cada um dos quatro meses será R$ 50. O limite, no entanto, no momento em que passarmos o cartão, cai para R$ 800, e é restabelecido conforme pagamos as parcelas: quando pagarmos a primeira, sobe para R$ 850. Quando pagarmos a segunda, sobe para R$ 900, e assim segue, até que o limite total seja novamente liberado.

O cartão de crédito é um empréstimo pré-aprovado sem juros apenas se a fatura for paga sem atrasos. Em caso de atraso, o jogo muda drasticamente, e são aplicadas taxas bem agressivas. É, provavelmente, a modalidade de crédito com a maior taxa, entre todas as disponíveis no mercado.

As regras para pagamento com atraso sofreram modificações bem significativas em abril de 2017. Como são informações bem relevantes, muito presentes na vida de todos nós, acho importante abordarmos as duas políticas, a antiga e a nova.

Como o pagamento em atraso funcionava antes

Na modalidade "pagamento mínimo", o cliente pagava 20% (ou mais) da fatura, sem juros, e o restante ficava para a fatura do mês seguinte, com juros caudalosos, semelhantes aos juros cobrados em caso de atraso total (não pagamento da fatura).

Os bancos são livres para cobrar a taxa que querem (embora regulados pelo Banco Central), e no antigo cenário as taxas aplicadas sobre a dívida eram extremamente altas e, em linhas gerais, compostas por juros do rotativo, juros de mora e multa por atraso. Para não complicar muito a explicação – e para deixar bem evidente a velocidade com que uma dívida no cartão avançava –, vou definir juro médio de 13% e dar um exemplo grosseiro, sem tanto rigor matemático. Esse valor (13%) é parecido com o valor cobrado em 2016 pela maioria dos bancos, na soma das três taxas que citei acima.

Vamos usar um personagem (vou chamá-lo de João) para facilitar a explicação. A fatura dele geralmente é de R$ 500, mas, em determinado mês, surgiram muitos gastos por conta de uma viagem e o valor pulou para R$ 3.000. Seguindo as regras anteriores de pagamento de cartão, João resolveu pagar os R$ 500, valor que já estava incorporado ao orçamento, e pagar o restante nos próximos meses. Decidiu, sabiamente, não efetuar novos gastos no cartão até que a situação fosse resolvida.

	Valor da fatura	Valor pago	Valor que ficou para a próxima
mês 1	R$ 3.000,00	R$ 500,00	R$ 2.500,00
mês 2	R$ 2.825,00	R$ 500,00	R$ 2.325,00
mês 3	R$ 2.627,25	R$ 500,00	R$ 2.127,25
mês 4	R$ 2.403,79	R$ 500,00	R$ 1.903,79
mês 5	R$ 2.151,29	R$ 500,00	R$ 1.651,29
mês 6	R$ 1.865,95	R$ 500,00	R$ 1.365,95
mês 7	R$ 1.543,53	R$ 500,00	R$ 1.043,53
mês 8	R$ 1.179,18	R$ 500,00	R$ 679,18
mês 9	R$ 767,48	R$ 500,00	R$ 267,48
mês 10	R$ 302,25	R$ 302,25	R$ 0,00
		R$ 4.802,25	

Neste caso, a dívida original era de R$ 3.000. Por conta do parcelamento, o valor total pago foi cerca de R$ 4.800, ou seja, 60% maior do que o valor original! Bem assustador.

O cálculo acima pressupõe que a estratégia de "pagar o mínimo" foi adotada em todos os meses. Porém, como veremos a seguir, essa possibilidade não existe mais. João ainda teria outras possibilidades, como parcelar a dívida junto à operadora do cartão, uma opção mais organizada e aconselhável que a anterior, mas longe de ser a estratégia ideal. Vamos abordar outras mais à frente, quando formos conversar sobre dívidas.

Como o pagamento em atraso passou a funcionar após abril de 2017

A mudança das regras beneficiou o consumidor (muito embora o parcelamento da dívida ainda seja extremamente caro, como veremos a seguir). Antes, era possível postergar a dívida indefinidamente, através do pagamento mínimo. Casos parecidos com o do João (descrito anteriormente) eram muito comuns. É o que popularmente chamamos de "bola de neve".

Com a nova regra, porém, só é possível "arrastar" a fatura para o mês seguinte uma única vez. Ou seja, se você não conseguiu pagar o valor total da fatura que vencia em março, por exemplo, é viável pagar o mínimo (ou mais), e o restante será cobrado na fatura de abril – sem novidades até aqui. Porém, se o mesmo cenário se repetir no mês seguinte, e o consumidor novamente se perceber incapaz de honrar o compromisso, o banco é obrigado a oferecer o parcelamento do valor devido, com taxas de juros que podem variar de 0,99% a 9,99%.

Vamos entender o que aconteceria com o João, caso a sucessão de atrasos acontecesse após a implementação da nova regra. O começo seria bem parecido:

Fatura total: R$ 3.000

Valor pago no primeiro mês: R$ 500

Saldo remanescente: R$ 2.500

Daqui para a frente, a situação se desenrolaria de outra forma. João receberia a fatura do mês seguinte, no valor de R$ 2.825 (que corresponde ao valor devido originalmente, acrescido dos juros), não teria condições de pagar integralmente e, diferentemente do que aconteceu no cenário anterior, em que ele tinha a opção de pagar o mínimo novamente, João se veria obrigado a efetuar o parcelamento da fatura (com ou sem um valor de entrada). Um cenário possível: os R$ 2.825 seriam parcelados em oito prestações, considerando uma taxa de juros de 5% ao mês – lembrando que o banco tem liberdade para oferecer as condições que bem entender, desde que respeite os limites impostos pelo governo. Efetuando o cálculo, chegaríamos a oito parcelas de R$ 437,09.

Enquanto no cenário anterior João teria pagado R$ 4.802,25, com a nova regra pagará oito vezes de R$ 437,09, mais os R$ 500,00 desembolsados lá no começo, na primeira fatura. Serão R$ 3.996,72 no total. Uma economia de quase 20% se comparado ao cenário anterior.

O velório da previsibilidade

O cartão de crédito traz complexidade à nossa vida financeira, porque torna nossa relação com o dinheiro mais abstrata. Ele nos tira a sensação de que nosso dia a dia financeiro é basicamente uma sucessão de contas de mais e de menos. Fica mais difícil ser simples com o cartão porque, na maioria dos casos, passamos a trabalhar com o dinheiro que ainda não temos. Criamos uma conexão constante com valores futuros.

Se é mais difícil ser simples com o cartão, por que é tão confortável utilizá-lo?

A gestão disso, em teoria, é complexa, mas, curiosamente, não nos sentimos sobrecarregados. Parece tudo muito cômodo, e a grande sacada está aí. O cartão permite que entremos em uma espécie de piloto automático, uma vez que deixamos de lidar com a escassez, graças ao limite generoso. Dá para passar anos sem ter muita clareza do que está acontecendo, contando com uma linha de crédito que acaba funcionando como extensão da nossa conta-corrente.

Entretanto, essa é uma tranquilidade camuflada. Basta sentarmos para fazer um planejamento financeiro mínimo, e em pouco tempo concluímos: seria absurdamente mais fácil se o cartão não existisse ou se fosse utilizado de outra forma. A complexidade surge e, com ela, vai embora a previsibilidade. Perdemos a capacidade de saber, com pouquíssimo esforço, quanto dinheiro teremos daqui a 15, 30 ou 60 dias. Se todo gasto é imediato, é fácil, basta fazermos alguns dos vários exercícios propostos nos capítulos anteriores: listamos o saldo atual, projetamos os próximos gastos e pronto, teremos uma estimativa do saldo futuro. Adicione o cartão nessa equação e você terá uma série de variáveis para controlar. Não sentimos o dinheiro saindo no dia a dia. O valor dos nossos gastos vira uma caixa-preta, que será dolorosamente aberta no dia da fatura.

Essa sensação é tão comum, compartilhada por tanta gente, que chegamos a pensar que é assim que as coisas são. Que essa é a única maneira de tocar a vida financeira. Que tem que ter frio na barriga e desconforto sempre. Só percebemos quanto essa pequena bagunça é irritante quando finalmente conseguimos colocar as coisas no papel e fazer estimativas. O conforto vem da sensação de controle.

Ainda sobre a complexidade e a previsibilidade, temos outro trunfo na mesa: o cartão possibilita que a gente atribua obrigações para o nosso "eu do futuro". Torna-se possível presentear nosso "eu do presente" sem desembolsar nem uma moedinha para isso. Pagar contas com promessas. "Quero esse sapato e prometo que te pago daqui a 15 dias." É como se possuíssemos, na carteira, uma ferramenta geradora de afagos e recompensas imediatas. A percepção é falha e ilusória, claro. Nós pagaremos cada centavo gasto no dia da fatura, mas a sensação que nos invade é bem real. Pense com calma: isso é algo incrível.

O desconforto e a insegurança vêm logo em seguida, afinal não é difícil percebermos que temos pouquíssimo (ou nenhum) controle sobre como estaremos dali a uns dias. Não importa quanta fé você tenha, quantos livros leia ou quanta sabedoria acumule, nem qual área da vida você leve em consideração, o futuro é sempre uma incógnita.

A despreocupação no momento do gasto tem um gosto delicioso, mas o pântano financeiro no qual nos enfiamos quando abrimos mão da atenção e do cuidado durante o processo de tomada de decisão é dolorido e bem difícil de escapar.

✳ ✳ ✳

Costumo perguntar aos meus clientes se eles têm alguma ideia dos motivos que os levam a ter uma vida financeira bagunçada, e, muitas vezes, a resposta que surge é "eu gasto muito de cartão". Nossa relação com o pedacinho de plástico é tão maluca que chegamos ao ponto de sentir que o cartão de crédito é um gasto mensal, como se fosse conta de luz. Se nossa relação com ele fosse tranquila, livre de mal-entendidos, jamais perderíamos a noção do que ele é, de fato: uma forma de pagamento.

Não gastamos nada "de cartão". Nós gastamos com comida, roupa, casa, bar, sapato, enfim, e optamos por pagar essas coisas com o cartão. Termos esse entendimento é fundamental para que a gente não caia na tentação de adicionar ao nosso planejamento um pequeno buraco negro, algo mais ou menos assim: "Gasto R$ 1.500 de aluguel, R$ 100 de luz, R$ 300 de estacionamento, *R$ 500 de cartão*...". Se o cartão é esse item desconhecido, do qual temos pouquíssimo controle, estamos de mãos atadas. Se não temos clareza do que está lá dentro, não temos a mínima chance de mudar. Como podemos avaliar se esse é um gasto que deveria existir se não sabemos, de fato, que gasto é esse?

Por fim, quanto à anuidade, a sugestão é vestir a melhor cara de pau do guarda-roupa e ligar impiedosamente para a operadora, reivindicando desconto ou até mesmo o abono total da tarifa. Muito raramente o desconto não é concedido. Vale até ameaçar cancelar.

As milhas de presente (ou "O biscoito pelo bom comportamento")

A oferta de cartão de crédito é imensa. Tem de todas as cores e preços. Para as operadoras, é sempre interessante ter a maior quantidade possível de dinheiro trafegando nas suas redes. Por isso, elas oferecem benefícios para nos convencer de que o cartão disponibilizado é, de fato, o melhor. Tem operadora que oferece desconto no seguro do carro, tem operadora que oferece eletrodoméstico, seguro-incêndio, seguro-acidente, entre vários outros pequenos mimos. Nenhum deles nos seduz tanto quanto a possibilidade de acumular milhas.

É bem justificável, na verdade. Eu conheço gente que não quer ganhar um liquidificador ou uma batedeira, conheço gente que não tem carro (logo, não precisa de seguro), mas eu conheço pouquíssimas pessoas que não gostam de viajar.

O cálculo, no geral, não é muito complicado. Basta pegar o valor gasto, converter para dólar americano e aplicar a regra fornecida pela operadora. Uma regra possível seria 1 milha para cada 1 dólar gasto. Sendo assim, fica fácil. Vamos considerar uma pessoa que costume receber faturas de R$ 1.000, com o dólar a R$ 3,50. O gasto dela, convertido para dólar, é de aproximadamente US$ 286. Logo, a cada mês, ela ganha 286 milhas. Em um ano, serão 3.432 milhas acumuladas.

A princípio, parece ótimo; afinal, são milhas que vieram de graça. Mas vamos dar um passo para trás e entender o que aconteceu até agora: utilizamos o cartão de crédito durante o ano e ganhamos, por conta disso, 3.432 milhas. Pouca gente sabe, mas milhas são compráveis. No momento em que escrevo este parágrafo, 3.432 milhas custam cerca de R$ 240. Portanto, seguindo nosso raciocínio, a operadora de cartão de crédito nos deu R$ 240 por termos utilizado o cartão durante o ano, ou seja, R$ 20 por mês.

Minha crítica ao argumento "utilizo o cartão porque dá milhas!" entra exatamente aqui.

Eu arriscaria dizer que, sem esforço algum, sem mudança alguma de padrão de vida, se essa pessoa do nosso exemplo deixasse de utilizar o cartão, ela economizaria mais do que R$ 20 por mês. Muito mais. A sensação deliciosa da ausência do freio incentiva o gasto. Todas as nossas engrenagens criadoras de necessidade e desejo recebem um empurrão. A não necessidade do acompanhamento constante de nossa vida financeira nos coloca numa posição muito vulnerável.

De todo jeito, esse é apenas uma palpite, baseado na experiência que tive na minha vida pessoal e ao ouvir os clientes que atendi nos últimos anos. O argumento das milhas segue válido se você tiver certeza absoluta de que seus gastos serão exatamente os mesmos utilizando ou não utilizando um cartão de crédito.

Num papo de bar, daqueles que a gente esquece poucos dias depois, fiz uma aposta com dois amigos, defensores da estratégia das milhas. Apostamos que, em seis meses sem utilizar o cartão, eles já teriam economizado o que ganharam com milhas no último ano. A aposta valia um pequeno banquete de comida japonesa. Tive a pachorra de colocar um alarme mensal no celular, para questioná-los sobre o andamento do experimento despretensioso.

O primeiro economizou o valor em dois meses, o segundo, em quatro. O sashimi estava ótimo.

Utilizando o cartão de crédito como um aliado

Levantamos uma série de potenciais problemas relacionados ao uso do cartão, mas é inegável que uma fonte gratuita e não burocrática de empréstimo é uma ferramenta incrível e que tem, sim, espaço em uma vida financeira saudável. Para que a relação role de forma tranquila, no entanto, precisamos mudar drasticamente a maneira como o enxergamos. Precisamos entender que o cartão de crédito não é uma extensão da nossa conta-corrente e que é bem perigoso utilizá-lo para dar uma aliviada no orçamento quando o fluxo de caixa está apertado. Mas existem papéis ótimos que ele pode assumir, por conta das várias características positivas que possui.

Existem gastos, por exemplo, que, se bem ponderados, podem ser incorporados aos nossos gastos fixos, mesmo que não estejam naquela listinha padrão aluguel-luz-e-água. Receber um boleto bancário e ter que ir até o banco pagar, todos os meses, não é lá muito prático. Já vimos, no começo deste livro, que nossa disposição para lidar com finanças é bem limitada. Então, faz sentido gastar tempo com o tático, com o planejamento, e não com a fila do banco ou com a digitação de um monte de números na tela do internet banking. O cartão funciona bem aqui. Ele nos ajuda a gastar energia com o que importa.

Com a adoção do cartão para esses gastos recorrentes, surge, é claro, a necessidade de reavaliar, de tempos em tempos, se aquilo que foi contratado há três ou quatro meses ainda faz sentido. Caso contrário, corremos o risco de criar o buraco negro citado nos parágrafos anteriores.

Outra medida bem importante para minimizar o impacto dos nossos deslizes, quando eles acontecerem, é fazer com que nosso fluxo de caixa esteja sempre um mês à frente da fatura. Explicando: não dá para contar só com o salário do mês de janeiro para pagar a fatura que vence no mês de janeiro. Ficamos expostos demais. Precisamos, necessariamente, ter uma reserva mínima. Aprenderemos um pouco mais sobre investimentos nos próximos capítulos, mas o ponto aqui é mais importante e prático do que isso. Não precisamos de um fundo de investimentos rentável nem de um montante imenso de dinheiro, mas precisamos ter alguma segurança de que pagaremos a fatura, aconteça o que acontecer. Tendo essa pequena reserva (pode ser uma conta poupança, com o valor médio das últimas faturas), passamos a gastar, no crédito, um dinheiro que já temos em conta. O risco de começarmos uma bola de neve cai drasticamente.

Perceba que o ponto é minimizar o impacto "quando" os deslizes acontecerem, e não "se" os deslizes acontecerem. Essa diferenciação é importante para que entremos no jogo cientes de que erros e escorregões são inevitáveis. Ter plena consciência da nossa falibilidade é fundamental para fugirmos do redemoinho de culpa que surge quando percebemos que gastamos mais do que poderíamos. Fugir desse redemoinho, por sua vez, é crucial, não apenas por capricho psicológico, mas por questões financeiras mesmo: normalmente a culpa vem acompanhada da negação, que, em termos práticos, significa passar meses sem olhar de verdade para a fatura ou para o extrato bancário.

10.
Investimentos

Talvez você acredite que investir dinheiro não seja algo para você, e isso pode acontecer por muitos motivos. Talvez você creia que isso é coisa de gente muito rica, que já venceu na vida e não tem mais conta para pagar; talvez você pense que investir dinheiro só é possível se você tiver um vasto conhecimento em economia (uma faculdade ou uma pilha de livros); ou talvez ache que não tem apetite para o risco e que investimento só vale a pena se for arrojado. Antes de se associar a qualquer uma dessas categorias que eu inventei, vamos voltar ao básico e tentar entender o que é, de fato, investir, sem usar o economês, sem precisar ler as próximas linhas com um dicionário do lado e sem deixar nossa mente vincular o termo àquela imagem agitada e barulhenta de um mesão da bolsa de valores. Investir nada mais é do que empregar um recurso finito com o objetivo de obter alguma remuneração no futuro. O recurso finito, no nosso contexto, é o dinheiro, mas o conceito se aplica aos demais bens que precisamos gerenciar todos os dias, como a energia e o tempo. Sendo assim, as restrições e categorizações citadas acima caem por terra. Não é coisa de gente rica, não é coisa de economista, nem é coisa de gente que quer viver uma vida financeira cheia de emoção.

O ato de investir se faz necessário porque muitos dos nossos desejos não cabem no nosso fluxo mensal. Se você desconsidera a possibilidade de investir (ou mesmo de poupar, que, no nosso contexto, significa acumular sem expectativa direta de rentabilização), isso significa que o bem de maior valor que você poderá conquistar está limitado ao montante que você ganha em um mês. Suponha que você receba um salário de R$ 2.000. Se você se julga incapaz de poupar, não tem mágica, você cairá em um dos seguintes cenários: ou você só comprará coisas que custam menos do que

R$ 2.000, ou você contará com o apoio do banco (ou de outra fonte de crédito), comprometendo-se com parcelamentos.

No nosso dia a dia, especialmente no que diz respeito a bens de consumo (televisão, carro, moto, eletrodomésticos, viagens), a opção do cartão de crédito prevalece e, de maneira saudável ou não, dá conta do recado. É comum obtermos bens mais caros do que o salário que recebemos, todos os meses. Quando expandimos um pouco nossas vontades e aspirações, porém, percebemos que o buraco é mais embaixo. Nem tudo se resolve com parcelas. Existem desejos maiores, e em muitos casos mais sutis, que não são atendidos com o crédito. É possível comprar uma televisão de R$ 3.000 em dez parcelas de R$ 300, mas não é lá muito prático e viável parcelar o desejo de ficar três meses sem trabalhar, nem a velhice mais confortável, nem a sensação de ficar menos exposto a imprevistos. Também não é possível contar com o crédito para comprar uma casa, a não ser que você não se importe em pagar duas ou três vezes o valor do imóvel, em juros.

Com um bom investimento é possível comprar, também, a tranquilidade de saber que nosso bem-estar financeiro está além do que está entrando e saindo no nosso fluxo mensal. É como se tivéssemos extrapolado, ao menos um pouquinho, o dia a dia financeiro e estivéssemos em outro lugar, um pouco mais seguro, mais à vontade. Tenho o palpite de que, se eu fosse amigo do Neymar e o convidasse para jogar uma pelada em um campinho qualquer, ele jogaria de maneira ainda mais impressionante do que joga em seu clube ou na seleção brasileira. Paradoxalmente, a não obrigação de jogar de maneira impecável, aliada a um pouco de despretensão, faria com que as chances de uma performance incrível crescessem. O paralelo desse exemplo com a segurança oferecida por uma reserva financeira é válido. Nos mais diferentes setores da vida, o medo de agir de maneira mais livre e despreocupada priva o mundo de uma versão mais interessante de nós mesmos.

Falando mais diretamente sobre o ato de investir (e não sobre o ato de poupar), entra aqui outro ponto, bastante presente no nosso país e em outros países em desenvolvimento: a associação direta entre ganhar dinheiro e trabalhar. É como se tivéssemos a certeza de que cada centavo que acumulamos ou usufruímos está associado a suor, longas jornadas e, na maioria dos casos, desprazer. Não importa seu grau de afeição ao sistema capitalista vigente, mas é fato que essa associação é uma falácia, muito distante da nossa realidade. Em um sistema baseado em escassez, possuir o tal recurso escasso – o dinheiro – garante, em maior ou menor escala, uma remuneração, e é perfeitamente viável explorar o assunto de modo a buscar uma configuração adequada para seus objetivos.

O jogo, na prática, (quase) sem palavras difíceis

Na prática, por trás de mil contratos e letras miúdas, as coisas são razoavelmente simples. Através de um banco ou, preferencialmente, de uma corretora, você escolherá uma modalidade de investimento compatível com o que você está esperando e alocará seu dinheiro, na expectativa de que ele renda. É um mundo recheado de siglas, mas menos complicado do que parece. É mais sobre fazer as perguntas certas e cobrar uma resposta assertiva, didática e direta, do que sobre entender as minúcias.

Não sou um bom cozinheiro, mas tenho amigos que mandam muito bem com as panelas. Às vezes peço instruções. Nas primeiras vezes, vieram coisas do tipo "é só fazer redução da cerveja preta" ou "pode deglacear com vinho branco que fica ótimo". Eu obviamente não entendi nada. Não sabia nem o que era redução nem o que era deglacear. Talvez eles estivessem sendo bem pretensiosos nas instruções e no grau de dificuldade da receita, mas com o tempo percebi que faltava malícia da minha parte, ao perguntar. Comecei a mudar o jeito com que eu formulava minhas questões. Na realidade, eu acrescentei um pequeno complemento. Em vez de perguntar "Como eu faço um molho gostoso para carne assada?", eu passei a perguntar "Como eu faço um molho gostoso para carne assada? Me explica como se eu fosse uma criança de 8 anos, por favor". É infalível, sempre funciona. Passei a aplicar a mesma lógica a outros assuntos.

Muitas vezes, porém, para perguntar, contestar e interpretar a resposta, especialmente no mundo dos investimentos, onde os interesses sempre são questionáveis (e onde gerentes de banco sempre têm quotas a cumprir), é fundamental entender pelo menos a base, as palavras-chave. Isso dá outro tom à conversa que você poderia ter com o gerente da sua conta, por exemplo. Ter o hábito de poupar e investir já é grande coisa, mas isso não quer dizer que escolher uma boa modalidade de investimento para juntar as moedas não seja algo importante. Antes de optar por um dos caminhos disponíveis, porém, é preciso entender alguns conceitos básicos: taxa do CDI, rentabilidade e liquidez. Sem eles, todo o resto parece algo muito mais complicado do que de fato é. Você não vai precisar abrir o Excel para fazer contas, e, prometo, esse aprendizado vai ajudá-lo bastante a recusar a "oportunidade imperdível" oferecida pelo gerente espertinho de algum banco.

CDI

A rotina financeira de um banco é complexa. Para honrar todas as suas operações com o mercado, com o governo e fazer dinheiro, os bancos emprestam e tomam dinheiro emprestado uns dos outros todos os dias. E eles fazem isso em transações de curtíssimo prazo: um dia. Em linhas gerais, para fechar a conta, o Banco Laranja pega dinheiro do Banco Vermelho através de um certificado. Por sua vez, o Vermelho pede dinheiro ao Banco Amarelo, que empresta para o Azul, o Verde e assim sucessivamente. Cada uma dessas transações é firmada através de um CDI (Certificado de Depósito Interbancário), e, obviamente, cada uma dessas operações tem um juro atrelado. No fim das contas, o mercado, por meio de suas entidades reguladoras, faz uma média entre as taxas de juros de todos os CDIs emitidos no dia e calcula a taxa do CDI naquela data.

Ao final de cada mês, é comum calcularmos a média da taxa do CDI de todos os dias, para chegarmos ao CDI mensal. Isso é informação pública, e estas são as médias dos meses que precederam a publicação deste livro:

- Janeiro/16: 1,05%
- Fevereiro/16: 1,00%
- Março/16: 1,16%
- Abril/16: 1,05%
- Maio/16: 1,11%

- Junho/16: 1,16%
- Julho/16: 1,10%
- Agosto/16: 1,21%
- Setembro/16: 1,11%
- Outubro/16: 1,05
- Novembro/16: 1,04%

Ok, mas – sem querer ser grosso – de que me importa esse monte de informações, se essas taxas só servem para os bancos trocarem dinheiro entre si?

Calma que a gente chega lá. Vamos para os próximos conceitos e, em seguida, amarramos tudo.

Rentabilidade

Há algum tempo fui conversar sobre grana com a molecada do Colégio Tiradentes, em Uberaba, e o papo fluiu muito bem, mesmo sem eles terem conhecimento prévio. Tenho certeza, inclusive, de que o encontro só rolou tão bem porque eles são jovens e não se sentem culpados por não saber o básico. Acredito que um dos motivos pelos quais muitos de nós têm dificuldade de falar sobre investimentos é a vergonha de perguntar – principalmente quando se trata de algo teoricamente simples. Se tenho R$ 1.500 e invisto em algum lugar que rende 1% ao mês, o que estou dizendo é que, por deixar meu dinheiro lá parado, receberei 1% a mais do valor que investi: 1% de 1.500 é igual a 1.500 dividido por 100, ou seja, 15. Efetuando a soma (do que eu tinha e de quanto rendeu), terminarei o mês com R$ 1.515.

Um jeito mais prático de calcular é através de uma multiplicação. Adicionar 1% a um valor é o mesmo que multiplicar por 1,01. Adicionar 2% é o mesmo que multiplicar por 1,02. Adicionar 10% é o mesmo que multiplicar por 1,10. Assim, considerando 1%, temos:

1.500 × 1,01 = 1.515*

---

* Vale lembrar que não contemplei o desconto do imposto de renda em nenhum dos exemplos listados neste capítulo.

Se o investimento rendesse 1,5%, teríamos:

1.500 × 1,015 = 1.522,50

E se rendesse 2,5%:

1.500 × 1,025 = 1.537,50

Indo um pouquinho mais longe com o raciocínio, se eu resolver deixar o dinheiro parado por dois meses, rendendo a 1% ao mês, teríamos algo assim (basta multiplicar duas vezes!):

1.500 × 1,01 × 1,01 = 1.530,15

Uma questão importante sobre a rentabilidade é que ela sempre, sempre, sempre vem com o risco. Não existe almoço grátis. Se você quer que o dinheiro renda, precisa, de alguma forma, se expor a perdê-lo. Isso não quer dizer que só existam investimentos agressivos no mercado, mas quer dizer, sim, que taxas de rentabilidade mais atraentes necessariamente acompanham incerteza. Vamos repetir juntos, para nunca esquecer: não existem investimentos milagrosos, não existem investimentos milagrosos, não existem investimentos milagrosos.

Liquidez

No contexto dos investimentos, liquidez é, basicamente, a possibilidade de transformar um investimento em dinheiro de verdade. Utilizável no mercado, na lanchonete ou no sebo do Seu Joaquim, que não tem nem maquininha de cartão.

Quando alguém diz que determinado investimento tem liquidez diária, está dizendo que a qualquer momento, de maneira imediata, você consegue se desfazer do investimento, transformando-o em dinheiro. Um imóvel tem liquidez baixa porque é pouco provável que você consiga se desfazer dele tão rapidamente – é necessário organizar documentação, encontrar um comprador, efetivar a transação e toda a burocracia que a acompanha.

Quando alguém diz que determinado investimento tem liquidez D+15, está querendo dizer que, após solicitar o resgate de tal investimento, você precisará esperar 15 dias até que o dinheiro proveniente da venda desse investimento esteja disponível em sua conta bancária. Uma das causas da popularização da poupança é a liquidez imediata: se precisar do dinheiro, dá para sacar na hora, sem perder nem um centavo.

Juntando os três conceitos

Com os três conceitos básicos assimilados, vamos amarrar as informações e, com ênfase na importância de cada um, utilizá-los para interpretar uma oferta real de investimento. Ainda que você não seja um banqueiro, a taxa do CDI é fundamental porque ela é utilizada como taxa básica de mercado. Ela indica quanto os outros investimentos rendem.

> COM OS CONCEITOS BÁSICOS EXPLICADOS ATÉ AQUI, A RAFAELA (PÁGINA 95) JÁ SERIA CAPAZ DE BUSCAR UM INVESTIMENTO BEM MAIS INTERESSANTE QUE A POUPANÇA, O QUE FARIA COM QUE O SONHO DA CASA PRÓPRIA FOSSE REALIZADO MAIS RAPIDAMENTE.

No exemplo, utilizaremos um CDB (certificado de depósito bancário), modalidade de investimento extremamente popular, oferecida por praticamente todos os bancos de varejo.

"O Banco Laranja oferece um CDB que rende 98% do CDI com liquidez diária."

Vamos imaginar que contratamos esse CDB no dia 1º de agosto de 2016 e o vendemos no dia 30 de agosto do mesmo ano. Sabemos que:

1. A taxa do CDI em agosto de 2016 foi de 1,21% (veja a listagem na p. 133).
2. Esse CDB rende 98% do CDI.
3. Investimos nele R$ 1.000.
4. 98% do CDI de agosto seria 98% de 1,21%, ou seja: 1,21 × 0,98 = 1,1858.
5. 1,1858% é a rentabilidade desse CDB no mês de agosto. Para fins de cálculo, utilizaremos apenas duas casas decimais. Logo, 1,18%.

Se investimos R$ 1.000 e a rentabilidade é 1,18%, fica fácil saber quanto teríamos no dia 30:

R$ 1.000 × 1,0118 = R$ 1.011,80.

Por analogia, se em vez de vendermos no dia 30 de agosto resolvêssemos vender no dia 30 de novembro, teríamos:

Rentabilidade de setembro = CDI de setembro × 98% = 1,11 × 0,98 = 1,09%
Rentabilidade de outubro = CDI de outubro × 98% = 1,05 × 0,98 = 1,03%
Rentabilidade de novembro = CDI de novembro × 98% = 1,04 × 0,98 = 1,02%

Com as rentabilidades calculadas, é só efetuarmos as multiplicações, começando com os R$ 1.011,80, que é o valor que temos no final do mês de agosto:

Valor final = 1.011,80 × 1,0109 × 1,0103 × 1,0102 = R$ 1.043,90.

Apesar de, neste livro, não abordarmos diretamente as modalidades de investimento disponíveis, esse é um assunto extremamente importante. Ter um conhecimento mínimo é fundamental para quem almeja construir uma vida financeira saudável, e o tema ganhou ainda maior importância com os níveis da taxa de inflação que assola nosso país.

Se a inflação é absurda e optamos por deixar o dinheiro na poupança – que rende muito menos do que a taxa da inflação –, nosso dinheiro perde valor simplesmente por ficar parado. É como se fizéssemos um baita esforço para fazer sobrar um trocadinho todos os meses e, ao invés de nosso poder de compra aumentar, ele diminui. É muito frustrante.

Ficar na mão do gerente do banco também não é bom negócio, uma vez que, na enorme maioria dos casos, as indicações de investimento oferecidas por ele vão tomar como base as metas que ele precisa bater. Para termos condições de analisar as excelentes opções disponíveis no mercado nacional, temos que saber o básico.

Para abrir uma conta em uma corretora financeira há dez anos, a burocracia era imensa. Agora tudo está bem mais fácil, e é possível acompanhar seus investimentos tranquilamente através do celular. Vale o esforço. Não faz sentido batalhar tanto para ganhar dinheiro e não despender um mínimo de energia para cuidar dele. Nas próximas páginas, vamos abordar alguns conceitos e questões relacionados ao mundo dos investimentos, porém não entraremos nas modalidades e em aspectos puramente técnicos. A literatura para esse campo, no entanto, é vasta. Nas sugestões de leitura presentes no final deste livro, dou algumas recomendações para quem quiser mergulhar no assunto.

A planilha do primeiro milhão, os juros compostos e a inflação

O primeiro milhão é uma estrutura mítica dentro da educação financeira. Digite "primeiro milhão" no Google e você encontrará pelo menos uma centena de calculadoras. Algumas on-line, outras feitas no Excel. Todas seguem a mesma estrutura. Você fala quanto se disporia a guardar todos os meses, coloca uma rentabilidade esperada e a planilha diz em quanto tempo você alcançaria a sonhada cifra.

Antes de entrarmos nessa questão, porém, precisamos assimilar um conceito fundamental: os *juros compostos*. O juro nada mais é do que a remuneração cobrada por conta de empréstimo de dinheiro. Ou seja, por emprestar dinheiro para alguém, você recebe um valor, a ser calculado tomando por base uma taxa. O mesmo ocorre com os investimentos. Por aplicar seu dinheiro em algum lugar, você recebe juros. Para tornar tudo mais atraente, você não recebe apenas juros, você recebe juros sobre juros. Traduzindo: para calcular quanto você receberá de juros no mês 2, você não utilizará o montante que aplicou inicialmente, mas sim o montante que aplicou inicialmente já acrescido dos juros do mês 1. Para o mês 3, é a mesma coisa, você utiliza o montante que aplicou, acrescido dos juros do mês 1 e do mês 2, e assim sucessivamente. Em aplicações de longo prazo, isso gera um efeito brutal. Se você quiser calcular na mão, sem calculadora, os juros compostos que incidirão sobre um montante, a fórmula é razoavelmente simples (mas você precisará se lembrar das aulas do ensino médio):

$$M = C \times (1 + i)^t$$

M: montante final
C: valor investido
i: taxa de juros
t: tempo de aplicação

Vamos fazer um exercício rápido, antes de voltar para nossa planilha do primeiro milhão. Qual o montante produzido por um capital de R$ 10.000 aplicado a uma taxa de juros mensais de 1% durante um ano?

C: R$ 10.000
i: 1% ao mês = 0,01
t: 1 ano = 12 meses

$M = C \times (1 + i)^t$
$M = 10.000 \times (1 + 0,01)^{12}$
$M = 10.000 \times (1,01)^{12}$
$M = 10.000 \times 1,1268$
$M = 11.268$

Nada mal. Se você tem alguma intimidade com o Excel, pode resolver essa pequena matemática por lá, através de uma fórmula:

= 10.000 × potência((1+0.01),12).

Chega de matemática, eu juro que é só isso. Na prática, é bem provável que você encontre essa planilha pronta em dois ou três cliques. De qualquer modo, para fins de exemplo, seguem algumas simulações que realizei em sua versão mais popular:

» Se você investir aproximadamente R$ 286 por 30 anos, a uma taxa de juros mensal de 1%, você chegará a 1 milhão.

» Se você investir aproximadamente R$ 1.010 por 20 anos, a uma taxa de juros mensal de 1%, você chegará a 1 milhão.

» Se você investir aproximadamente R$ 4.347 por 10 anos, a uma taxa de juros mensal de 1%, você chegará a 1 milhão.

Parece bem impressionante, mas precisamos adicionar uma ressalva gigantesca por aqui. A planilha é ótima para despertar interesse e fascínio, mas é preciso muita, muita atenção para não cair no erro ingênuo de não considerar a inflação e o imposto de renda. Um desavisado poderia, facilmente, olhar um título público (tesouro direto) que rende 14% ao ano e achar que é viável planejar a aposentadoria levando em consideração essa taxa. Não é. Vamos entender o porquê, mas antes disso precisamos entender melhor o conceito de *inflação*. A inflação é um fenômeno econômico relacionado à quantidade de dinheiro em circulação e ao aumento ou à diminuição do poder de compra. Se a economia de determinado país sofre inflação, o preço dos produtos sobe. Se sofre inflação negativa, o preço dos produtos cai – quando a inflação negativa ocorre com frequência, por um longo período, ela é chamada de deflação. Isso tem uma relação direta com nossos investimentos, ou melhor, com o poder de compra do nosso dinheiro. De fato, as contas da planilha estão corretas. Se você fizer tudo direitinho, terá seu milhão depois de X anos. Mas esse R$ 1.000.000, daqui a X anos, não comprará o que você compra com R$ 1.000.000 hoje. O dinheiro perde valor.

Por isso, para que a brincadeira da planilha faça sentido, é preciso que você atente para um conceito tão importante quanto os já citados nos parágrafos anteriores: os *juros reais*. É o valor que, de fato, seu dinheiro rendeu, acima da inflação. Se você possui um título que rende 14% ao ano e a inflação naquele ano foi de 8%, seu dinheiro rendeu apenas 6%. É esse o valor que vai para a tal planilha do milhão, e é com base nele que você precisa fazer todos os cálculos. Se refizermos os cálculos tomando por base esse valor, encontraremos outro cenário, bem mais realista:

> Para termos 1 milhão em 30 anos, considerando uma taxa de 0,5% ao mês (bem mais realista!), precisaríamos investir aproximadamente R$ 995 por mês.

> Para termos 1 milhão em 20 anos, considerando uma taxa de 0,5% ao mês, precisaríamos investir aproximadamente R$ 2.164 por mês.

> Para termos 1 milhão em 10 anos, considerando uma taxa de 0,5% ao mês, precisaríamos investir aproximadamente R$ 6.102 por mês.

Torna tudo um pouco mais desanimador? Torna. Mas é a realidade, e ela precisa ser encarada. Mágica não existe. Aqui vai mais um conselho de coração: em vez de buscar as cifras emblemáticas, busque cultivar uma relação saudável com o dinheiro, que sirva de apoio para as demais áreas da sua vida.

Previdência privada (e uma tentativa de blindar nossa velhice)

É provável que, por mais novo que você seja, já tenha pensado alguma vez em aposentadoria. No nosso país, o mecanismo público é razoavelmente simples. Você contribui todos os meses com o INSS e, após determinada idade ou tempo de serviço, passa a receber sua aposentadoria, mensalmente, como se fosse um salário. Se você é um funcionário contratado em regime CLT, a contribuição é obrigatória. Aliás, você nem vê a contribuição acontecendo, seu empregador cuida de tudo. Esse é um dos motivos pelos quais o salário registrado na sua carteira de trabalho e o valor que cai na sua conta todos os meses são diferentes. Se você é autônomo, empresário ou trabalha de maneira informal por aí, ainda assim tem a possibilidade de contribuir mensalmente e se aposentar, como se fosse um funcionário registrado.

Parece ótimo, porém entram aqui três pontos bem importantes, que mostram que o INSS não é garantia de tranquilidade no futuro.

O primeiro, mais latente, é o *valor*. A não ser que seu custo de vida seja bem baixo, a chance de que você consiga manter um padrão de vida confortável apenas com a aposentadoria pública é bem pequena. O cálculo do valor a ser recebido após a aposentadoria é simples, mas sofre alterações frequentes. O piso, obviamente, é o salário mínimo – que, no momento em que este livro foi publicado (2017), é de R$ 937. O teto é de R$ 5.531. E não é nada fácil se enquadrar no teto. O cálculo para cada pessoa é feito tomando por base 80% da média das suas contribuições feitas entre julho de 1994 e o mês da sua aposentadoria. Recomendo que você separe meia horinha de um dia tranquilo e vá até uma agência do INSS, a fim de entender qual seria o valor da sua aposentadoria, caso as coisas sigam da maneira que você planeja.

O segundo ponto-chave é o tempo, já que a maioria das pessoas só conseguirá usufruir integralmente do benefício no final da vida. E o terceiro ponto é a exposição. Vivemos períodos politicamente turbulentos – impeachment de uma presidenta, mudanças na regra da própria aposentadoria, incertezas sobre o rumo da nossa economia, entre vários outros fatores. É complicado contar com o governo e com políticas públicas para garantir nossa dignidade e bem-estar em uma fase da vida em que grande parte de nós voltará a usar fraldas e precisará de cuidados com a saúde.

Nesse cenário, é natural que a gente se preocupe e busque alternativas. É aí que entra a história da previdência privada. O princípio é igualmente simples: você contribui durante um certo período da vida, para que, após uma quantidade de tempo definida em contrato, você usufrua de renda vitalícia ou efetue um saque de todo o montante, acrescido das correções monetárias e da rentabilidade. Existe uma série de regras relacionadas à previdência privada, especialmente com relação à tributação do imposto de renda. São os tais PGBL e VGBL (os dois regimes de tributação possíveis). Não falaremos dos detalhes de cada um deles por aqui – você pode facilmente encontrar explicações (mais completas e atualizadas) gratuitamente, na internet, ou com algum profissional da área, de confiança. De qualquer maneira, independentemente da modalidade contratada – PGBL ou VGBL –, é fundamental entender quais taxas incidem sobre cada tipo de investimento, para que você seja capaz de conversar com alguém que lhe ofereça o produto. São elas:

» **Taxa de carregamento:** É cobrada sobre cada contribuição feita, ou seja, cada vez que você faz um "depósito", tem essa cobrança. A taxa varia entre 0% (taxa zero) e 5%. A incidência da taxa de carregamento é apenas sobre o valor investido no fundo, ou seja, sem contar os rendimentos.

» **Taxa de administração:** A incidência dessa taxa é anual sobre o valor total acumulado no fundo (investimento + rendimento). A taxa varia entre 0,5% e 4% ao ano.

» **Taxa de saída:** Como o próprio nome diz, a taxa de saída é cobrada apenas no resgate das aplicações. A taxa de saída normalmente é de 0,38% em relação ao valor total acumulado (investimento + rendimento). Algumas empresas isentam o contribuinte do pagamento da taxa de saída ou condicionam o pagamento da taxa de carregamento a casos de retirada antecipada do prêmio.

Você pode ser bem pragmático por aqui: procure planos sem taxa de carregamento e saída, cuja taxa de administração seja a mais baixa possível. Raramente planos com taxa de administração acima de 1,5% valem a pena.

Além disso, vale conferir no site da Susep (órgão do governo que fiscaliza as empresas que oferecem previdência privada) quais instituições estão habilitadas a oferecer planos de previdência, em cada um dos regimes de tributação.

✹ ✹ ✹

Os parágrafos acima são mais técnicos e possuem informações que você pode encontrar facilmente em outros lugares. A partir daqui, entra a minha opinião pessoal, como consultor. Acredito que a previdência privada é uma ferramenta bem restritiva, pouco flexível e, na maior parte dos casos, mal-empregada. Muitas pessoas a utilizam como "primeira poupança", quase como uma reserva de emergência. Se utilizamos como primeira reserva uma modalidade que possui pouca liquidez, como esperamos contar com ela caso um imprevisto ocorra? A previdência privada só ganhou popularidade porque coloca na mesa o que poucas modalidades de investimento são capazes de oferecer: a obrigatoriedade de poupar. Seja através de um boleto bancário, que chega na sua casa todos os meses, seja através de um débito automático, que cai e você nem vê, os planos de previdência fazem com que você guarde dinheiro na marra, mas cobram caro por esse serviço:

- taxas sensivelmente maiores do que aquelas cobradas por outras categorias;
- expectativa de rentabilidade muito aquém do que poderíamos encontrar no mercado, com bastante facilidade;
- pouca liquidez, uma vez que a maior parte dos planos de previdência possui carência e não oferece a possibilidade de saque antecipado sem uma perda extremamente significativa da rentabilidade acumulada.

Para deixar mais claro, vamos considerar o seguinte cenário: "Entro no cheque especial todos os meses, entre os dias 18 e 30. Meu saldo sempre chega no –R$ 1.000. Aí o salário cai no dia 1º e a conta fica no azul novamente, mas pago os juros acumulados no mês anterior. Não consigo sair desse fluxo nunca. Tinha um fluxo saudável, mas fiz uma viagem que saiu mais cara que o previsto e não consigo colocar as coisas no eixo novamente. Não tenho gastos exorbitantes. Pago o aluguel, o condomínio, um pouco de lazer de final de semana. Aporto R$ 800 na previdência, todos os meses. Não tenho caderneta de poupança. Não consigo sacar esse dinheiro da previdência agora, nem posso ficar um mês sem pagar".

Essa é uma situação extremamente comum. Todos os meses nosso personagem paga quase R$ 100 em juros. Viagens que custam mais do que o previsto acontecem, assim como os carros quebram, as torneiras vazam e nós sentimos vontade de comprar roupas. Tudo muito normal. O grande problema não é o imprevisto, é não termos flexibilidade financeira para lidar com ele.

Na maioria dos casos, não faz sentido ter uma dívida caríssima, como é a do cheque especial, e investir dinheiro. É uma conta que não fecha. Tomando por base o mês de dezembro de 2016, enquanto a rentabilidade de um bom investimento de mercado gira em torno de 1%, a taxa de juros do cheque especial passa dos 13%.

Se os R$ 800 de previdência estivessem sendo alocados de maneira mais flexível e líquida, o problema todo poderia ser facilmente resolvido, de duas maneiras: quitando as dívidas da viagem à vista, com o dinheiro já acumulado, ou deixando de aportar os R$ 800 (ou parte desse valor) por um ou dois meses, até que o fluxo se restabeleça. Nossas reservas têm como objetivo primordial permitir que a gente toque a vida com tranquilidade. A previdência privada passa a ser uma opção a considerar quando faz parte de um plano de investimentos bem estruturado. Precisamos de opções líquidas, para cobrir prováveis tropeções, assim como precisamos de opções rentáveis, que nos favoreçam no longo prazo.

O conforto de saber que nosso patrimônio está crescendo independentemente da nossa boa vontade – através dos boletos mensais da previdência que temos que pagar de todo modo – pode ser facilmente obtido através de uma transferência recorrente para uma carteira de investimentos que faça mais sentido. O efeito prático é o mesmo, as taxas são menores e a rentabilidade é maior. Bons fundos de renda fixa (ou títulos do tesouro direto), por exemplo, podem funcionar muito bem aqui.

Neste momento, você pode estar se fazendo algumas perguntas.

A empresa em que trabalho me ofereceu uma previdência complementar em que eu posso escolher com que percentual do meu salário vou contribuir, e ela – a empresa – faz uma contribuição equivalente. Vale a pena?

No caso das chamadas previdências complementares os termos são outros, porque, ao invés de partir de uma rentabilidade negativa (por conta da taxa de carregamento), fazemos uso da colaboração concedida pelo empregador e já largamos na vantagem. A cada R$ 100 investidos, por exemplo, a empresa investe outros R$ 100. Vale ressaltar que nem sempre é "um pra um", ou seja, existem planos em que, para cada R$ 100, a empresa coloca R$ 80, outros em que coloca R$ 120, R$ 150, enfim, a empresa tem liberdade para estipular como trabalhará com essa contribuição.

E qual é a vantagem? Embora continue existindo a taxa de carregamento, você sai no lucro. Afinal, num cenário normal, o colaborador coloca R$ 100 por mês, o banco "come" R$ 4 e sobram R$ 96. Na previdência complementar, o colaborador também coloca R$ 100 por mês e o banco também "come" R$ 4, mas a diferença é que a empresa colocou mais R$ 100, que viraram R$ 96 depois da taxa do banco. Resultado? Sobram R$ 192, ao contrário dos R$ 96 que você teria, caso estivesse contribuindo sozinho.

Existe, obviamente, uma política por trás. Normalmente, o empregado só pode sacar esse benefício caso permaneça na empresa por uma quantidade específica de anos; caso contrário, saca de maneira proporcional, respeitando as regras estabelecidas no contrato. A política varia de empresa para empresa. Um exemplo possível seria algo como "se sair depois de cinco anos de contribuição, pode retirar 50% do que a empresa já colocou; se sair depois de dez anos de contribuição, pode retirar 75% do que a empresa já colocou". E assim por diante.

Se o empregado pretende ficar na empresa por um longo período e, principalmente, se tem condições de construir uma reserva mais líquida (além da previdência), essa opção costuma fazer bastante sentido.

Tenho 28 anos, minha única reserva é a previdência privada e não consigo separar dinheiro todos os meses, por conta do orçamento extremamente apertado. Devo sacar o valor que já acumulei?

Essa é uma questão que envolve muitas variáveis. Analisando sob um ponto de vista estritamente financeiro, a resposta é um "depende" bem desanimador. Depende do plano de tributação escolhido, da carência envolvida no contrato (existem cenários em que o processo de saque é extremamente custoso, a ponto de praticamente inviabilizar a operação), da expectativa de rentabilidade e das taxas envolvidas em todo o processo.

Se extrapolarmos o raciocínio para além dos aspectos mais técnicos, tendo a pensar que, sim, o saque é um bom movimento, na maior parte das vezes, porém é fundamental que algumas ressalvas sejam respeitadas. O saque precisa vir acompanhado de uma boa dose de educação financeira. Não adianta sacar, colocar na poupança (ou em outra modalidade de investimento) e deixar de separar um montante, todos os meses, para assegurar certo conforto no futuro. É um erro, semelhante ao cometido por aqueles que possuem uma dívida no cheque especial ou no cartão de crédito e pegam um empréstimo para saná-la, porém não se preocupam em organizar a vida para que o mesmo cenário não se instaure novamente.

Pouquíssimos meses depois, é provável que o problema se repita, só que dessa vez, além do cartão de crédito e do cheque especial, temos também a parcela do empréstimo. Começa aí a bola de neve.

Ainda sobre a questão inicial, não adianta planejar o futuro (através da previdência) e deixar o presente de lado. Primeiro a reserva de emergência, destinada aos imprevistos que fatalmente acontecerão, depois as demais reservas.

Títulos de capitalização

O título de capitalização nasceu como uma ferramenta no combate à indisciplina financeira. A ideia era que, através de pequenos aportes mensais, programados, o dinheiro fosse acumulado no banco, corrigido através da TR (a chamada taxa referencial, uma taxa de juros básica da nossa economia, usada para corrigir diversas modalidades de investimento). De quebra, o comprador ainda participa de sorteios, cujos prêmios podem variar de algumas dezenas de reais a alguns milhões. O objetivo dos sorteios é incentivar os poupadores a continuar poupando.

PARA A CAROL (PÁGINA 108), QUE UTILIZA OS TÍTULOS HÁ QUASE UM ANO, A IMPOSSIBILIDADE DE SAQUE É UMA VANTAGEM.

A teoria é bonita, mas, em algum ponto desse percurso promissor (talvez logo no começo), nós nos perdemos. O título de capitalização passou a ser comercializado pelos bancos como uma alternativa de investimento, e isso, definitivamente, ele não é. Na prática, um título de capitalização é uma loteria que reembolsa o valor apostado (ou parte dele), corrigido pela TR (sempre inferior à inflação), caso você não seja contemplado com o prêmio. Em outras palavras, você perde dinheiro. Além disso, você recebe de volta o valor integral (ou parte dele, de acordo com as regras do contrato) se, e somente se, você se mantiver até o fim do período contratado. Do contrário, você recebe apenas um percentual do montante total que receberia caso se mantivesse no plano.

É um produto que segue popular, graças a caminhões de dinheiro gastos pelos bancos em propaganda agressiva e de idoneidade duvidosa. Os bancos, como maiores beneficiários, estipulam metas desumanas para seus gerentes (muitas vezes tratados como vendedores), para que eles ofereçam a capitalização a seus clientes. Os gerentes, por sua vez, muitas vezes vinculam determinadas operações à compra dos tais títulos. Algo do tipo: "ah, você precisa de um empréstimo? Por conta do sistema, só consigo liberar a melhor taxa mediante a compra do nosso título de capitalização, que é excelente, rende mais que a média do mercado". Isso é venda casada, é ilegal e, mesmo assim, é uma prática muito comum em todos os bancos de varejo.

Alguns educadores financeiros costumam dizer que a capitalização tem lá suas vantagens: é recorrente, automática (ou seja, sai da sua conta sem que você veja, todos os meses) e pode ser uma ferramenta interessante para substituir os gastos que algumas pessoas têm com jogos da Mega-Sena, por exemplo. Vale para quem gosta de apostar, com chances pequeníssimas de ganho, como todos sabemos. A ideia me incomoda bastante, seja pela metodologia de venda (agressiva e enganadora), seja porque, no fim do dia, tudo não passa de uma maneira arrojada e trabalhosa de perder dinheiro, por conta da discrepância entre a TR e a inflação (em 2016, por exemplo, a TR girou próxima de 2%, enquanto a inflação fechou em 6,3%).

Uma pequena lista de ponderações a respeito dos argumentos utilizados por quem vende os títulos de capitalização:

» "O título é bom porque você pode começar a guardar dinheiro separando apenas R$ 30 ou R$ 50 mensais!": com os mesmos R$ 30 ou R$ 50 você pode comprar um título do tesouro direto ou cotas em um excelente fundo de renda fixa.

» "O título é bom porque você nem vê o dinheiro saindo da conta, é automático": você pode automatizar uma transferência mensal para uma corretora ou até mesmo para um fundo do próprio banco.

» "Parte do valor que você paga no nosso título é revertida para instituições de caridade": você pode agendar uma doação mensal para uma instituição de caridade de sua confiança, sem ter o banco como intermediador, o que não tomará nem 15 minutos do seu tempo.

» "O dinheiro volta corrigido!": o dinheiro volta corrigido por uma taxa que não bate nem a inflação. Até a poupança "rende" (muitas aspas aqui!) mais.

Por fim, considere perguntar para o gerente-vendedor se ele costuma adquirir os títulos de capitalização que ele mesmo tenta vender.

A poupança vale a pena?

No Brasil, é comum utilizarmos o termo "poupança" para duas coisas bem diferentes. Chamamos de poupança o produto bancário "caderneta de poupança", modalidade de investimento mais popular do país, oferecida por grande parte dos bancos de varejo. Mas também chamamos de poupança o acúmulo de capital para investimento. Não é raro escutarmos que tal pessoa tem uma boa poupança, mesmo que não saibamos ao certo se esse dinheiro está alocado em uma caderneta de poupança ou em um fundo de investimentos qualquer. De todo modo, neste livro, quando utilizarmos o termo, estaremos nos referindo ao produto bancário.

A caderneta de poupança é popular porque é imensamente fácil de entender e operar. Funciona de maneira parecida com uma conta-corrente, porém recebemos uma remuneração em cima do dinheiro aplicado. Temos a liberdade de colocar e retirar qualquer valor, no momento em que desejarmos (ou seja, a liquidez é imediata), e não há cobrança de imposto de renda sobre o lucro. É claro que toda essa flexibilidade tem um preço. A rentabilidade da poupança passa (muito) longe de ser algo atraente. Não entraremos em contas detalhadas. Para nossa análise, podemos considerar a média de 2015 e 2016 – algo próximo de 8% ao ano, ou seja, entre 0,5% e 0,6% ao mês. Isso significa que, se tivéssemos colocado R$ 10.000 na poupança no primeiro dia de 2016, no dia 31/12 desse mesmo ano teríamos R$ 10.800.

A questão da baixa rentabilidade se torna ainda mais grave quando levamos em conta a inflação desse mesmo período. Em 2015, por exemplo, a inflação foi de 10,67%, ou seja, quem deixou o dinheiro na poupança perdeu poder de compra, uma vez que, como citei no parágrafo anterior, a rentabilidade da poupança no período ficou próxima de 8%.

Então não devo utilizar a poupança nunca?

Não é bem assim. Na minha opinião, a poupança é interessante para a alocação de uma primeira reserva de emergência (um pequeno montante, destinado a imprevistos que necessitam de atenção imediata), já que não há a cobrança de impostos em cima da movimentação (o tal do IOF – Imposto sobre Operações Financeiras). A poupança é bastante útil no processo de organização e planejamento também. Com ela, conseguimos isolar determinados montantes, de maneira temporária. Por exemplo: "Sou empregado, em regime CLT, e recebi o pagamento das minhas férias, porém só utilizarei esse dinheiro na viagem que farei daqui a três semanas. Então, achei prudente não ter esse valor circulando na minha conta-corrente".

No mais, para os demais cenários, que não exigem liquidez imediata e nos quais a perspectiva de saque é bastante remota, a poupança se mostra uma opção bem ruim.

11.
Um teto para chamar de meu

O que vale mais a pena: comprar ou alugar?

Essa é, com certeza, a pergunta mais escutada por qualquer consultor financeiro, seja durante o expediente, seja durante o almoço de domingo na casa da mãe, seja na festa do primo. No imaginário popular, possuir um imóvel próprio é o crivo que separa quem já se estabeleceu de quem ainda está pelejando pela vida. Mais do que o grande objeto de desejo do brasileiro, a casa própria funciona como uma grande armadura feita de tijolos, cimento e bom gosto, que nos blinda de um sentimento de pobreza, incompletude e fracasso. Porém, se essa fosse uma questão financeira, a discussão seria mais curta.

Por mais que os cenários possíveis sejam diversos, e as questões envolvidas sejam muitas, não é difícil provar que, em função dos juros abusivos pagos em um financiamento, analisando a partir de um prisma estritamente financeiro, o aluguel é, na maioria dos casos, uma opção mais interessante. Você pode começar fazendo um experimento simples, utilizando um pouco do conhecimento que adquiriu no capítulo sobre investimentos. Quando se mora de aluguel, você paga um valor percentualmente muito pequeno ao proprietário, se comparado ao valor do imóvel. Costumamos achar os aluguéis caros pelo simples fato de calcularmos os valores em termos absolutos, e não percentuais. Se você mora em uma casa que vale R$ 600.000 e paga R$ 2.100 de aluguel, você está remunerando o proprietário a uma taxa de 0,35% ao mês. É menor do que a taxa de rendimentos de um investimento péssimo (a poupança, por exemplo). De todo modo, não existe resposta absoluta. Financeiramente, é provável que faça mais sentido alugar? Sim. Isso resolve a questão do "compro ou alugo"? Não, nem de longe. A verdade é que a única resposta correta para esse questionamento é um "depende" bem sonoro, escrito em letras garrafais. Depende de quanto possuímos para dar de entrada, da parcela que podemos assumir, do prazo do financiamento, da nossa empregabilidade. Depende também de por quanto tempo fará sentido morar nesse local, de quão seguros estamos a respeito das possíveis reviravoltas que nossa vida certamente dará e de uma série de outras questões bastante subjetivas.

Há quase três anos propus uma roda de bate-papo que reunia basicamente casais na iminência do casamento, quase todos em dúvida sobre entrar num financiamento ou alugar um teto para ser feliz. No começo da conversa, perguntei quem estava propenso à compra. Praticamente todos levantaram a mão. Passamos uma manhã simulando cenários, fazendo cálculos, reproduzindo as propostas que eles haviam recebido, e a grande maioria dos cálculos apontava que o aluguel era vantajoso. No fim do papo, perguntei quem, após tanta matemática, ainda permanecia propenso à compra. Novamente, quase todos levantaram a mão. A decisão de comprar um imóvel é estritamente emocional. É um conceito tão presente na nossa cultura, tão incrustado, que atropela qualquer linha de raciocínio e dá risada do mundinho numérico e racional desenhado pelas planilhas e simuladores.

Comprar um imóvel não é necessariamente rasgar dinheiro sob a forma de juros. Da mesma forma, alugar um imóvel não é necessariamente jogar dinheiro pelo ralo – já que o valor do aluguel não vai ser igual ao valor de uma parcela de financiamento, e a condição de inquilino oferece uma série de benefícios,

Comprar um imóvel não é necessariamente rasgar dinheiro sob a forma de juros. Da mesma forma, alugar um imóvel não é necessariamente jogar dinheiro pelo ralo

como a flexibilidade de mudança, algo extremamente interessante em tempos de mercado de trabalho aquecido. Inseridos numa cultura de extremos, que julga por critérios rasos, o grande problema dessa discussão não é sonharmos com a casa própria, mas sim acharmos que essa é a única possibilidade de uma vida feliz e financeiramente bem-sucedida. A gente se escora em argumentos que vão dos mais funcionais e frágeis – "quero ter uma casa própria para poder deixá-la do meu jeito" – até os mais sinceros e viscerais – "tenho medo de morrer na sarjeta". Perdidos no meio do caos, a casa própria nos remete ao útero. É como se precisássemos de uma certeza de que, se tudo der errado, teremos um lugar para ficar. Nessa posição desamparada, é fácil antever que nos agarraríamos à primeira promessa de segurança que surgisse.

Além desse ponto, mais primordial, a casa própria é algo extremamente desejável porque reúne as características que todo bom objeto de desejo (ou jogo de videogame) precisa ter. É desafiador, pois exige tempo e estratégia, logo, nos mantém ocupados; é realizável (somos lembrados disso a todo momento, em toda propaganda que mostra atores sorridentes segurando molhos de chaves) e é recompensador, pois aquele bem será nosso e, quando morrermos, será herdado por alguém querido (ou não). Muito da opção pela compra vem de não conseguirmos encontrar essa segurança de outra forma. Sob o aspecto de investimento e provedor de segurança, o imóvel peca por conta da baixa liquidez. Manipular um imóvel é algo complexo, e estamos sempre dependendo da disponibilidade do mercado. Se a vida dá uma guinada (ou nos dá uma porrada), se surge uma oportunidade ou se a gente muda de ideia, o fato de ter nosso patrimônio inteiro imobilizado em concreto limita nossas possibilidades. Sempre desejamos que as coisas continuem no prumo, que sigam de maneira natural e que tudo dê certo, mas, sejamos francos e realistas, uma hora ou outra o caos vai operar. E tudo bem. Daqui a cinco anos, é muitíssimo provável que você não esteja onde imaginou que estaria. Daqui a dez, então, nem se fala. É mais prudente e sábio, então, questionar cada desejo e encarar cada escolha como escolha – e não como pressuposto.

Existem diversas maneiras de construir uma vida financeira tranquila e próspera, que apoie todo o resto. Ter uma casa não é o único investimento capaz de garantir que o fim da vida não seja na sarjeta. Só que há o medo. E, com ele, surgem duas opções: você fica assustado e opta por seguir cegamente uma estratégia já traçada, ou você dá atenção e um pouco de foco para cada uma das opções disponíveis. Como já vimos, mais do que refúgio, o dinheiro – mais livre, mais líquido – é um provedor de oportunidades, um corrimão. Ele permite que a gente estruture nossa vida de modo que ser ou não ser o dono do teto sob o qual dormimos não seja uma questão tão crucial.

Ter uma casa não é o único investimento capaz de garantir que o fim da vida não seja na sarjeta

Os números por trás do "compra ou aluga" e o que eles nos dizem

Pesquiso bastante sobre essa questão, um pouco por achar interessante nosso fascínio pelo teto, outro pouco por acompanhar vários casos de "junta dinheiro e compra", de "vende imóvel, investe e vive de aluguel" e de "quero sair da casa dos meus pais de qualquer jeito". Não falta conteúdo na internet, porém poucos abraçam o desafio de brincar com os números. E isso não acontece por preguiça. É complicado trabalhar essa questão numericamente, porque o cálculo envolve muitas variáveis – a situação, por si, é complexa e torna-se ainda mais elaborada quando trabalhamos com um horizonte de tempo longo, como geralmente acontece em um financiamento imobiliário.

Encararemos o desafio por aqui, trabalhando com uma situação hipotética e assumindo algumas premissas. Fernanda e Bruno ganham, juntos, R$ 6.000. Fernanda tem 26 anos e Bruno, 24. Namoram há algum tempo e decidiram casar num futuro próximo, mas não sabem se investem em um apartamento na planta ou se assumem que morarão de aluguel. Em vez de partirmos de um veredito ("para eles, o melhor é comprar" ou "para eles, o melhor é alugar"), simularemos os dois cenários, numericamente, para depois explorarmos os pormenores mais sutis. Juntos, eles possuem uma poupança de R$ 25.000.

Fernanda e Bruno resolveram comprar um apartamento

Fernanda e Bruno acharam um empreendimento ótimo, que será lançado dali a 30 meses, e resolveram entrar de cabeça na missão. O valor do imóvel, inicialmente, é de R$ 250.000. A princípio, a ideia era dar R$ 45.000 de entrada (os R$ 25.000 da poupança mais R$ 20.000 do FGTS) e financiar o restante no banco. Esse plano falhou. Eles foram informados de que o valor da parcela do financiamento não poderia exceder 30% da renda bruta dos compradores. Com isso, seriam forçados a dar uma entrada bem maior, de R$ 100.000. Como não tinham esse dinheiro, precisaram se programar para juntar tudo até a entrega das chaves. Foram 30 parcelas de R$ 1.500 e duas parcelas anuais de R$ 5.000. Revisando até aqui, para não perdermos a conta:

» R$ 25.000, que vieram da poupança

» R$ 20.000, que vieram do FGTS

» R$ 45.000 (30 parcelas de R$ 1.500)

» R$ 10.000 (2 parcelas anuais de R$ 5.000)

Chegamos aos R$ 100.000. Quase zerados, porém vivos e felizes, com a chave nas mãos, os dois estavam prontos para entrar de cabeça no financiamento dos R$ 150.000 restantes. Na verdade, quase prontos. Foram surpreendidos por dois tabefes:

» O valor do imóvel na planta é corrigido de acordo com o INPC (Índice Nacional de Preços ao Consumidor). Foram 30 meses de correção, e o índice oscilou 17%. Portanto, em vez de financiar R$ 150.000, tiveram que financiar R$ 175.500.

» As despesas de cartório, que na cabeça deles eram algo irrisório, se mostraram bem significativas: 6% do valor do imóvel, ou seja, R$ 16.530.

Eles não tinham esse dinheiro e não tinham a quem recorrer, já que os respectivos pais já haviam dado uma baita força com os preparativos da festa de casamento e com os móveis da casa nova. Precisaram contrair um empréstimo pessoal e deram "sorte" de conseguir uma taxa que, na visão deles, estava abaixo do mercado: 3% ao mês. Começaram a pagar no dia em que pegaram as chaves. São 48 parcelas de R$ 654. Bem puxado.

Enfim, foram para o financiamento, a parte principal de toda a missão. Conseguiram uma taxa de 7,58% ao ano e optaram pelo financiamento mais longo possível: 360 meses (30 anos). A parcela, nesse caso, começa maior e vai caindo. No caso deles, começa em R$ 1.651,36 e termina, lá na frente (bem lá na frente mesmo), em R$ 510,47.

Com isso, conseguimos arriscar um chute do montante total gasto. Vamos lá:

Entrada

R$ 25.000, que vieram da poupança

R$ 20.000, que vieram do FGTS

R$ 45.000 (30 parcelas de R$ 1.500)

R$ 10.000 (2 parcelas anuais de R$ 5.000)

Taxas de cartório

R$ 31.392 (48 parcelas de R$ 654)

Financiamento

R$ 396.360,56 (360 parcelas que começam em R$ 1.651,36 e terminam em R$ 510,47 – valores encontrados através de uma simulação feita no site da Caixa, banco bastante utilizado no processo de financiamento imobiliário)

TOTAL GASTO: R$ 527.752,56

Ao final dos 30 anos de financiamento, Fernanda terá 59 anos e Bruno, 57. Partindo do pressuposto de que a inflação se manterá a 0,4% ao mês e que o imóvel sofrerá valorização semelhante, podemos considerar, de maneira bastante amadora (uma vez que uma análise mais assertiva dependeria de uma bola de cristal), que o imóvel custará **R$ 1.154.847,136**. É esse o patrimônio acumulado.

Vamos deixar o julgamento para depois e analisar o outro cenário.

Fernanda e Bruno resolveram alugar um apartamento

Fernanda e Bruno fizeram todas as contas e ficaram bem assustados com o montante, especialmente com a questão dos juros, do INPC e do cartório. Resolveram alugar um apartamento de valor equivalente ao que financiariam. Acharam algo muito semelhante por R$ 900 por mês. Com a renda que já possuem e com o dolorido cenário anterior em mente, resolveram investir toda a diferença entre o que pagariam na compra e o que estão pagando no aluguel. A parcela mensal da compra oscila, então a conta não é tão simples, mas podemos tomar o primeiro mês como exemplo.

Se estivessem comprando, pagariam:

R$ 1.651,36 da parcela

R$ 654,00 das taxas do cartório

TOTAL: R$ 2.305,36

Como estão alugando, pagaram:

R$ 900,00

TOTAL: R$ 900,00

A diferença entre esses dois valores (R$ 2.305,36 menos R$ 900, que resulta em R$ 1.405,36) foi investida em um fundo de investimentos conservador, nesse primeiro mês e nos 359 meses subsequentes. O valor do aluguel, obviamente, subiu com o tempo, mas o raciocínio se manteve: o que sobrava com relação ao cenário de compra era investido.

Ao final dos 30 anos, o casal acumulou, além das rugas, **R$ 1.239.713,23**.

✳ ✳ ✳

O patrimônio total acumulado pode servir de ponto de partida para uma comparação, porém é um indicador bem frágil. A lógica é simples. Se optarem pela compra, o Bruno e a Fernanda possuirão, lá na frente, um apartamento no valor de R$ 1.154.847,136. Se optarem pelo aluguel, possuirão, considerando o mesmo intervalo de tempo, um patrimônio de R$ 1.239.713,23, líquido. Nesse raciocínio simplista, portanto, o aluguel terá sido vantajoso em, aproximadamente, R$ 85.000. Mas essa análise é muito superficial e só serve para começarmos a conversa.

Vamos refinar os prós e os contras, partindo do cenário de compra e do cenário de aluguel de Fernanda e Bruno.

As vantagens e as desvantagens da compra

- ➕ Foram forçados a seguir acumulando patrimônio. Não tinham a possibilidade de "deixar para depois", uma vez que os boletos seguiam implacáveis, todos os meses. Quando pensavam em deixar o planejamento financeiro de lado, lembravam que tinham uma parcela para quitar, e assim seguiram fazendo por 30 anos.

- ➕ Puderam, durante esses 30 anos, mexer na casa da maneira que acharam melhor. Construíram churrasqueira, derrubaram parede, fizeram cozinha americana, transformaram quarto em escritório, trocaram piso, enfim, adaptaram aquele cantinho de acordo com a fase em que se encontravam.

- ➕ Sentiram-se confortáveis com a ideia de que "não morreriam na sarjeta". Se tudo desse errado, se os planos de aposentadoria não funcionassem, pelo menos teriam um teto para morar. Também se sentiram confortáveis ao pensar que, ao morrer, deixariam algo concreto para os filhos.

- ➕ Gostaram da credibilidade que a compra lhes deu perante os amigos e a sociedade em geral e se sentiram mais respeitados. Foram enxergados, desde cedo, como um "casal maduro".

⊖ "Casaram" com uma dívida bem pesada. Foi extremamente difícil lidar com o fluxo de caixa, sobretudo durante os primeiros meses, em que estavam pagando o financiamento do apartamento, o cartório e as demais despesas da casa.

⊖ Agora, quase aos 60 anos, não possuem nenhum patrimônio líquido. Aliás, nunca tiveram. Durante uma crise financeira inevitável, não contaram com esse apoio e precisaram recorrer ao banco, que, obviamente, cobrou juros altíssimos.

⊖ Sofreram com o trânsito da cidade grande. Mudaram de emprego algumas vezes, mas nunca puderam se dar ao luxo de morar perto do local de trabalho. Não ter carro era algo fora de cogitação.

⊖ Não tiveram a oportunidade de montar um patrimônio rentável, através de uma carteira de investimentos ou algo do tipo. Como a casa era o único bem, permaneceram expostos, única e exclusivamente, à variação no preço dos imóveis.

As vantagens e as desvantagens do aluguel

⊕ Puderam morar em diferentes pontos da cidade, o que facilitou um bocado a vida e economizou alguns milhares de horas no trânsito. Puderam escolher o bairro desejado várias vezes, de acordo com a fase da vida. Nos primeiros anos de casamento, ainda jovens, moraram perto dos bares que gostavam de frequentar. Quando os filhos vieram, foram para um bairro mais tranquilo, com acesso rápido a um parque e a boas escolas.

⊕ Contaram com uma carteira de investimento líquida. Nunca ficaram no cheque especial por muito tempo, já que, durante as crises financeiras inevitáveis, eles se apoiaram no que haviam acumulado nos anos anteriores. Mesmo no começo da vida a dois, não precisaram se descapitalizar, já que contavam com aquela pequena reserva de R$ 25.000. Em uma eventual demissão, contaram com os respectivos FGTS.

⊕ Agora, cinquentões, com mais de R$ 1 milhão no bolso, gozam de um privilégio raro: podem optar por comprar um apartamento à vista, negociando um desconto muito significativo, ou podem seguir pagando aluguel com os rendimentos gerados pelo dinheiro guardado. Na renda fixa, sem grandes estripulias, conseguiriam uma rentabilidade de 4% ao ano, líquidos, acima da inflação. Pagariam, com alguma sobra, o aluguel de um apartamento no padrão em que estavam habituados e manteriam o capital acumulado protegido.

- Sofreram com as limitações impostas pelos proprietários. Gostavam de cozinhar, mas nunca encontraram uma cozinha que fosse a cara deles. Além disso, nunca conseguiram negociar uma reforma com o dono dos imóveis onde moraram.

- Sofreram com um "despejo" em uma época turbulenta da vida. O dono do imóvel onde moravam precisou vender a casa e eles tiveram que achar outro lugar às pressas. Questões relacionadas a essa insegurança sempre estavam na pauta: será que investimos em criar raízes nesta casa? Ou será que teremos que sair nos próximos três meses?

- Por mais que os amigos próximos soubessem que eles possuíam uma reserva financeira bem considerável, a verdade é que a maior parte das pessoas com quem conviviam olhava com desconfiança para o fato de não possuírem casa própria.

Um conselho de coração para quem quer comprar ou alugar

Morar sozinho é um ato de emancipação, talvez o maior deles. Não importa se você comprou ou alugou. Quando damos esse passo, declaradamente passamos a nos responsabilizar por grande parte das questões fundamentais da nossa existência. Não há aspecto que siga intocado diante de uma mudança como essa. O que comemos, a maneira como nos vestimos, nossa vida social, nossa vida sexual, nossa relação com os ambientes que frequentamos, tudo sofre influência direta do nosso movimento de saída da casa dos pais (ou tios, ou avós), e isso é maravilhoso.

Você deixa um prato sujo na pia e vai trabalhar. Você volta, e o prato ainda está lá. Sujo. Você decide não cozinhar e passa um mês comendo misto-quente e lasanha congelada. Em 30 dias você ganha cinco quilos e percebe que as calças não servem mais. O prato sujo e a calça apertada fazem você se lembrar de que todas as suas decisões, mesmo as pequeninas, têm consequências diretas. Viver por conta é tomar tapa na cabeça todo dia. A gente cresce na marra.

É natural que as questões técnicas de uma mudança como essa assustem. Lembre-se sempre que será um movimento delicioso e doloroso de todo jeito, comprando ou alugando. Vá ciente de que os percalços serão inevitáveis. Quanto mais tranquilos estivermos, maiores as chances de lidarmos da melhor forma com comentários nocivos que podem nos levar a decisões precipitadas e que cobram um preço alto, especialmente em movimentos complexos e cheios de facetas como esse. Lembre-se que o cenário descrito nas páginas anteriores é apenas um dos inúmeros cenários possíveis. A lógica, porém, é a mesma para todos. Utilize-a, faça outras simulações, ganhe intimidade com os números. É um conhecimento que vai te poupar bastante dinheiro e dor de cabeça.

Sobre móveis, eletrodomésticos e seu novo padrão de vida: tem gente que monta o básico de uma casa com R$ 1.000. E tem gente que monta com R$ 50.000. Não faz sentido pagar juros no cheque especial, comprar uma geladeira com cinco portas e um fogão capaz de cozinhar almoço para 25 pessoas. Vá no seu ritmo, conheça suas prioridades, pouco a pouco. Entenda que você não precisa manter o padrão dos seus pais, e isso vale para o caso de eles possuírem padrões altos ou baixos. Se seus pais têm uma condição financeira muito confortável, você não é obrigado a tê-la, nem tampouco a agir como se tivesse. Se seus pais passam um baita perrengue todo fim de mês e não acham interessante gastar com uma panela de cerâmica, isso não significa que você não possa fazê-lo.

Ignore o "quem casa quer casa" e o "a vida do homem muda quando ele compra seu primeiro imóvel". Ignore também o "comprar casa é ficar preso" e o "não dá para ser feliz vivendo de aluguel". Nenhuma dessas frases populares acompanha um embasamento mais profundo. Faça as simulações, pense e repense suas escolhas sem pressa, busque amigos dispostos a ouvir – e evite os amigos ansiosos que só estão esperando a vez de falar.

Uma vez decidido, tome a liberdade de ser duro e incisivo com quem não respeita suas escolhas. "Mas vai viver de aluguel para sempre?" "Não sei.

Por enquanto, vou." "Nossa, mas vai entrar num financiamento tão longo?" "Sim, foi a melhor opção que encontrei, talvez repense, no futuro." No mais, relaxe e aproveite. É um passo extremamente significativo, que servirá de base para inúmeras mudanças. Compartilhe com pessoas queridas. Comemore, aproveite cada pedacinho da nova morada. E lave a louça, todos os dias.

A seguir, apresento algumas dúvidas que podem surgir por aí.

Caso eu decida alugar e tenha a disciplina de investir o dinheiro todos os meses, não há o risco de esse dinheiro não render da maneira que eu esperava? Isso não é um baita ponto a favor da compra?

Existe o risco, sim. Não há carteira de investimentos infalível, mas podemos organizar as coisas de modo que esse risco fique bem pequeno. Utilizar investimentos conservadores, dar uma boa olhada a cada seis meses e diversificar os investimentos utilizados são boas dicas. Sobre o fato de isso ser um grande fator motivador de compra, é bem questionável. Não há segurança total no aluguel (por conta da rentabilidade do investimento), tampouco na compra. No caso da compra, é bem possível que, por diversos fatores externos, sobre os quais temos pouquíssimo controle, o imóvel não valorize da maneira que imaginávamos. Com isso, há o risco extremamente significativo de não contarmos com o patrimônio projetado para dali a 30 anos. Fora a questão da liquidez que já mencionamos, é claro.

Eu já entendi que, financeiramente, a maioria dos cenários aponta para o aluguel. Por que eu e tantas outras pessoas continuamos pensando no financiamento?

Não se culpe. É dolorido pensar que o sucesso da empreitada esteja tão relacionado à nossa disciplina. Ao adotarmos a estratégia do aluguel + investimentos, estamos fazendo um pacto silencioso bem ousado. O que afirmamos, mesmo que implicitamente, é que estamos batendo no peito e garantindo que manteremos os aportes mensais, mesmo sem ter um boleto chegando por debaixo da porta todo dia 10. No caso da compra, o patrimônio está sendo construído à força. Não dá para "não pagar" quando o mês estiver apertado.

Outra coisa: o foco deste livro são os jovens, que estão no começo da vida e que, na maioria dos casos, não possuem um patrimônio consolidado. A história muda (um pouco) de figura quando os personagens já são mais experientes, possuem um baita montante investido e desejam comprar uma casa. O financiamento, nesses casos, sai de cena, bem como as taxas de juros. Passamos a contar com vantagens na negociação. Então, é importante tomarmos cuidado com a afirmação "financeiramente vale a pena o aluguel, sempre". Não é bem assim.

Meu tio me falou que não tem erro: imóvel sempre valoriza.

Essa é uma crença comum, especialmente entre a turma que nasceu até a década de 1990. Vimos o preço dos imóveis subir vertiginosamente, e é fácil acreditarmos que as coisas continuarão dessa forma, mas nada está garantido. Além disso, vale aqui uma ressalva: grande parte da nossa sensação de elevação dos preços se dá por conta da inflação. O imóvel, em si, não valorizou tanto assim, foi o dinheiro que perdeu valor. O custo de vida subiu, então é natural que o preço dos imóveis também suba, mas isso não quer dizer que os proprietários de imóvel ficaram mais ricos, uma vez que o poder de compra deles não subiu tanto assim.

Para ilustrar esse raciocínio, podemos tomar como base o FipeZap, índice criado pela Fipe (Fundação Instituto de Pesquisas Econômicas) em parceria com o portal Zap Imóveis. É a série histórica de preços mais confiável e antiga que possuímos. Para tornar a análise confiável, entretanto, descontaremos a inflação. Os dados foram colhidos no intervalo de 1979 a 2015 e, durante esse período, a rentabilidade acumulada foi de apenas 53%. Se dividirmos essa rentabilidade por 36 anos (duração da análise), chegaremos ao valor de 1,23% ao ano. Bem pouco, valorizou menos que a poupança.

A sensação de que tudo valorizou, entretanto, é bem justificável. Os números, de fato, aumentaram. Vamos tomar como exemplo um imóvel que, em 1989, custava Cr$ 100.000 (cem mil cruzeiros). No final do ano, vamos supor que esse mesmo imóvel estava custando Cr$ 1.000.000, ou seja, uma valorização de 1.000%. Parece incrível, não? O valor do imóvel aumentou dez vezes. Tudo cai por terra, porém, quando levamos em consideração a inflação. Em 1989, a inflação no Brasil beirou os 2.000%. Grande parte do aumento absurdo no preço dos imóveis, obviamente, deu-se por conta desse fenômeno.

Vale, por fim, a análise crítica: o imóvel do nosso exemplo, na verdade, perdeu valor, mesmo que, a olhos leigos, pareça o contrário.

12.
Dinheiro a dois

Sobre as dinâmicas que o dinheiro esconde ou evidencia

Prestei consultoria financeira para um casal por quatro meses. Fernando e Paula. Noivos, queriam se organizar para sair da casa dos pais. Tinham outros objetivos menores também. Começamos no clichê: uma viagem de férias, o término da pós-graduação de Paula e uma reserva que garantisse um respiro caso algum imprevisto surgisse. Mas a cada bate-papo novos pontos surgiam. Era engraçado ver a surpresa de um ao escutar o relato do outro. A Paula, por exemplo, não sabia que o Fernando não se via trabalhando com engenharia dali a cinco anos. Já o Fernando não fazia ideia de que a Paula gostaria de colocar os futuros filhos para estudar em uma escola pública.

Encontrei o Fernando tempos depois, e ele me agradeceu muito enfaticamente por todo o processo. Fez questão de me explicar o motivo de tanta gratidão: os 90 minutos semanais falando sobre dinheiro eram o único período de conversa real que o casal tinha. Todo o resto era logística, só papo funcional. Complementou dizendo que aquele período tinha sido a primeira vez, em cinco anos de relação, que eles haviam aberto um espaço para falar, de coração, sobre seus desejos e anseios mais profundos. Levavam a rotina conversando sobre amenidades, compromissos sociais e vida profissional, mas nunca tinham tido uma conversa realmente profunda sobre o futuro, sem jogos.

A vida seguiu, acompanhei muitos casais desde então e precisei ver isso acontecendo várias e várias vezes para entender que é comum a gente achar bonitinho dividir o sabonete, o copo de guardar escova de dente e o edredom, mas que cumplicidade é outra coisa. Dá para passar a vida inteira achando que intimidade é saber que a cor preferida dela é roxo e que ele não gosta de orégano, sem nunca entender, de verdade, o que se passa do outro lado. A verdade é que fazemos de tudo juntos: comemos, saímos, dançamos, brigamos, engordamos, emagrecemos, transamos, corremos, pedimos pizza, reclamamos e agradecemos, mas temos uma dificuldade imensa em desmontar a armadura e levar a conversa a outro patamar.

Na primeira conversa que tive com Fernando e Paula, lembro de estarmos sentados os três numa mesinha de café pequena e circular. Coloquei na mesa uma folha de sulfite com uma caneta ao lado e, no meio do papo, falei: "Bem legal isso que vocês disseram! Anotem aí para a gente não perder a ideia". Não direcionei o pedido a nenhum deles, propositalmente. Os dois se olharam inseguros e desconfortáveis. A Paula é claramente mais organizada e habilidosa com números, mas não queria tomar a frente sem que o Fernando sugerisse explicitamente que ela o fizesse. Deram uma risadinha sem graça e finalmente assumiram a configuração que parecia mais confortável: a Paula – centrada e mais pé no chão – no papel, e o Fernando – empolgado, caótico e com combustível infinito – atropelando um pitaco atrás do outro.

Fernando: "Carro-seguro-1600-400-nãovaidaramor-aaahhhh-internet-250..."
Paula: "DEVAGAR, FERNANDO, CALMA!"

No fim dessa conversa, comentei esse ponto com eles, que já estavam abalados por conta do descompasso inicial, e a Paula disse que só quando teve que anotar o que Fernando estava falando é que percebeu que ele nunca dá tempo para ela organizar as coisas da maneira que acha melhor.

Muitas vezes a conversa não é sobre dinheiro, mesmo quando parece ser.

Como um casal pode lidar com o dinheiro, na prática

Uma conta conjunta, cada um com sua conta, só um dos casados com conta, várias poupanças, uma poupança só, um fundo de investimento e uma conta-corrente. Na teoria, qualquer arranjo consensual entre o casal é válido, mas algumas configurações tendem a funcionar melhor na maior parte dos cenários. Quanto menos entraves e burocracias forem acrescidos ao processo, melhor. É fácil perceber que gerenciar duas ou três contas-correntes simples, com poucos lançamentos, é muito mais fácil do que gerenciar uma conta-corrente bem complexa, cheia de compromissos financeiros. Por isso, minha configuração preferida é esta:

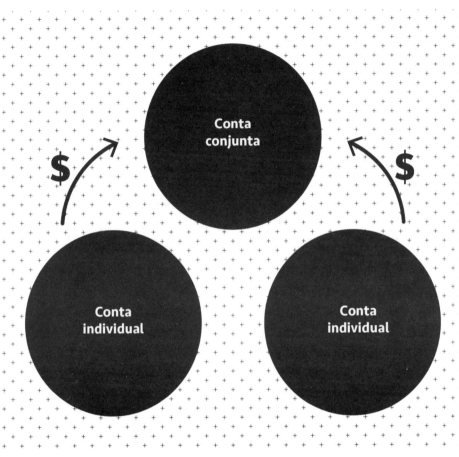

Note que há uma conta conjunta e duas contas individuais, uma para cada cônjuge. Existem várias maneiras de operar essa estrutura. Começaremos falando da mais comum, e depois desdobraremos outras possibilidades. No cenário mais padrão, todos os meses, ambos depositam o valor acordado na conta conjunta. Esse valor deve ser capaz de pagar todas as despesas que o casal acordou que dividiria. Na maior parte das vezes é o aluguel ou o financiamento, as contas de casa e algum valor destinado ao lazer conjunto: jantares, bares, festas etc.

Para facilitar o entendimento, vamos usar um casal hipotético aqui, o Rafael e o Felipe, e definir os valores que eles optaram por depositar na conta conjunta:

- Aluguel: R$ 1.200
- Mercado: R$ 600
- Luz, água e gás: R$ 150
- Lazer: R$ 600
- **TOTAL: R$ 2.550**

O "custo-casal" do nosso exemplo é R$ 2.550. É possível (e provável) que um ganhe mais do que o outro. Minha sugestão é que ambos contribuam de maneira proporcional. Se um ganha R$ 3.000 e o outro ganha R$ 4.000, podemos fazer uma continha simples e descobrir, percentualmente, com quanto cada um deve contribuir:

R$ 3.000 / (R$ 3.000 + R$ 4.000) = 0,42, ou seja, 42%

R$ 4.000 / (R$ 3.000 + R$ 4.000) = 0,58, ou seja, 58%

Logo, o Rafael, que ganha R$ 3.000, precisa contribuir com 42% das despesas da casa, e o Felipe, que ganha R$ 4.000, contribui com 58%. Sendo o total de despesas da casa R$ 2.550, ficaríamos com algo assim:

2.550 × 42% = R$ 1.070

2.550 × 58% = R$ 1.480

Dessa forma, quem ganha mais contribui com mais, quem ganha menos contribui com menos. Todos os meses, cada um deposita na conta conjunta seu respectivo valor. Durante o mês, caso o dinheiro acabe, é possível negociar novos aportes, de valores proporcionais ou não. Aliás, sobre a proporcionalidade: é uma sugestão, não uma regra. Já trabalhei com alguns casais que se sentiam melhor contribuindo exatamente com a mesma coisa, mesmo ganhando valores bem diferentes, assim como já trabalhei com casais que ganhavam valores diferentes, porém a parte que ganhava mais preferia contribuir com menos, já que estava pagando uma pós-graduação. Qualquer configuração é válida, desde que conversada. O que não dá é ficar com um nó na garganta, angustiado, por conta de uma situação desconfortável velada, sobre a qual ninguém tem coragem de falar.

A contribuição de cada pessoa às contas da casa não tem nenhuma relação com o poder de decisão que cada um tem

Existem outros pontos importantes, que costumam evitar situações desagradáveis. O primeiro deles, talvez o mais fundamental, é que a contribuição de cada pessoa às contas da casa não tem nenhuma relação com o poder de decisão que cada um tem sobre aquele montante. Não é porque um contribui com mais do que o outro que ele tem mais direito de escolher se vai gastar o dinheiro em carne ou em brócolis, em tapete colorido ou em quadro para a sala. A conta conjunta existe por uma questão logística. Ela não nos isenta da necessidade de diálogo.

O valor do custo-casal, obviamente, oscila, e nada impede que o excedente do valor acordado seja bancado por uma das partes. Utilizando o Rafael e o Felipe como exemplo, vamos considerar um mês em que, no dia 25, as despesas já estão todas pagas, porém a conta está zerada. Nenhum dinheiro para lazer. Rafael, no entanto, está com vontade de sair para jantar e se oferece para pagar, já que sabe que o Felipe está com a conta individual apertada. Não há problema algum. Seguem assim até o final do mês, repetem o aporte no começo do mês seguinte e seguem a vida.

Especialmente entre os casais com 30 e poucos anos, é comum que um dos envolvidos tenha optado por parar de trabalhar, para se dedicar exclusivamente à criação do filho. Nesse caso, podemos utilizar a mesma estrutura, porém a conta conjunta será alimentada por uma só pessoa. O provedor financeiro, nesse caso, se encarrega de transferir a grana para a conta conjunta e também de efetuar uma transferência para o parceiro ou a parceira, ocupado(a) com a criança. Esse segundo valor é fundamental, para que quem ficou em casa continue tendo um mínimo de privacidade e conforto.

Não é melhor dar logo um cartão da minha conta-corrente individual para o meu parceiro, para que a gente gaste tudo de lá?

Não aconselho. Primeiro, porque cria uma sensação de vigilância bem desconfortável e, segundo, passa a ser bem complexo desfazer o arranjo, caso quem optou por se ocupar do lar queira voltar a trabalhar fora.

É possível colocar nessa conta conjunta tudo o que o casal achar que faz sentido: a mensalidade da academia, a escola do filho, a ração do cachorro, qualquer coisa que os dois queiram dividir de maneira proporcional.

Não é melhor cada um pegar uns boletos para pagar e pronto?

Definitivamente não. Em um momento de irritação, cansaço ou crise na relação, é bem possível que ambas as partes se sintam prejudicadas, pagando mais e tendo suas prioridades deixadas de lado. A conta conjunta deixa tudo às claras, para que ninguém fique com a sensação de estar no prejuízo. Eu sei que ninguém se junta pensando nesses momentos, mas se podemos nos blindar contra nossa própria instabilidade... por que não fazer isso?

> ESSA DIVISÃO MEIO INTUITIVA, NÃO CONVERSADA, GERALMENTE DEIXA UMA DAS PARTES (OU AS DUAS!) UM POUCO DESCONFORTÁVEL. DÊ UMA OLHADA NA HISTÓRIA DO BENJAMIN E DA RAQUEL, NA PÁGINA 112.

É importante observar que, dessa forma, o fluxo financeiro desenhado na Parte II deste livro fica extremamente simples. Em lugar de várias contas picadinhas, surge apenas uma linha em cada um dos fluxos individuais.

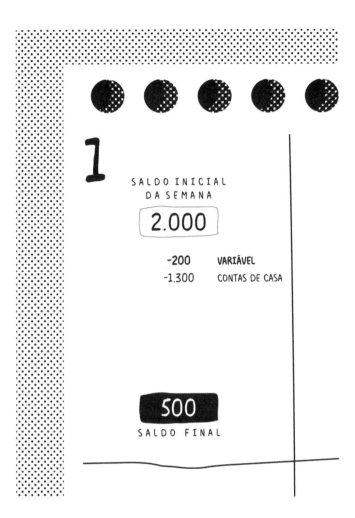

A solidez, as qualidades complementares e o dinheiro

Em um casal, cada uma das partes já chega com uma bagagem cheia: o que aprendeu com os pais, o que aprendeu com a vida, os livros que leu, os cursos que fez, os relacionamentos que teve, os cascudos que tomou. Todas essas experiências moldam a maneira como lidamos com as situações. Em se tratando da nossa relação com o dinheiro não é diferente. Fomos nos construindo e, quando percebemos, estamos dividindo o teto e algumas contas com outra pessoa, que veio de outra realidade, experimentou outras coisas e está habituada a reagir de outra forma ao que acontece. Se para uns ver a conta chegando perto do zero é desesperador, para outros o desespero só vem quando a conta chega no –R$ 1.000. Para uns é um absurdo não poupar todos os meses, para outros é tranquilo, o que é estranho é não trocar de carro todos os anos. Aprender a gerenciar recursos e desejos é uma tarefa complexa e muitíssimo importante, já que perpassa todas as áreas da nossa vida. Seria um desperdício não vermos nossas relações como um espaço riquíssimo de treino e aprendizado.

Vou me atrever a dar três conselhos que extrapolam as questões logísticas, mas que são capazes de afetar nosso trato com o dinheiro de maneira drástica. Em primeiro lugar, converse. Mesmo quando sentir que não está saindo do lugar, deixe claros seus pontos, incentive seu parceiro a fazer o mesmo, escute com o coração aberto e com calma, especialmente nos momentos em que surge a vontade de interromper e soltar sua versão da história, e fale devagar, com paciência, tendo bastante clareza de que quem está te escutando veio de outro lugar e quer ser feliz, tanto quanto você. Vocês dois querem a mesma coisa – e eu falo isso tranquilo, sem medo de errar, mesmo não fazendo ideia de quem você é. Às vezes você acha que será feliz formando uma poupança, enquanto seu parceiro acha que será feliz tomando um drinque com o pé na areia. O desejo, no entanto, no aspecto mais sutil e profundo, é o mesmo. A diferença é que terá de ser negociado – e fica mais fácil negociar sabendo que, no fim do dia, estamos todos no mesmo barco.

Em segundo lugar, entenda que é perfeitamente aceitável que as ocupações e as incumbências de cada um sejam complementares e não se sobreponham. Tem gente que tem maior facilidade em monetizar o próprio trabalho, tem gente que tem maior facilidade em gerir o que já possui, tem gente que lida melhor com outros aspectos da vida, tão importantes quanto o financeiro. Isso fica muito evidente em uma relação de sócios, mas é perceptível também na vida a dois. Já pensou se todos os sócios tivessem que fazer um pouco de cada tarefa? Seria uma bateção de cabeça constante.

Por último, confie que as inteligências que vocês manifestam sofrerão uma espécie de fusão. Se seu companheiro é mais gastão que você, é natural que a sua maneira mais contida faça com que ele pegue mais leve. Se você tem ojeriza a números e seu parceiro é bom de planilha, é provável que, ao vê-lo mexendo naquilo com tanta tranquilidade, você se interesse, ao menos um pouquinho, por aquele outro mundo. Essa é uma das facetas mais incríveis dos relacionamentos em geral: a gente sempre leva um pouco do outro.

Nessa vida a dois, muitas perguntas surgem na cabeça do casal. Vamos a algumas:

Fizemos as contas, e o dinheiro que vamos gastar com diarista e creche é maior do que o salário da minha esposa. Sugeri que ela parasse de trabalhar, para conseguirmos dar conta de tudo. É uma boa escolha?

Pode até ser uma escolha que faça sentido quando levamos em conta apenas o aspecto financeiro, mas é fundamental entendermos que a questão é muito mais ampla e profunda. Não estamos falando de uma série de continhas de mais e de menos, estamos falando da vida de alguém. Rotina, círculos de amizade, ambições, sonhos, relações de dependência, logística do dia a dia. Tudo isso será afetado. É impreterível deixar tudo muito conversado, com todas as cartas na mesa, dos dois lados, para que ambos enxerguem seus papéis e se sintam valorizados por sua atuação.

Por conta da bagagem histórica e do sistema machista e patriarcal em que todos estamos inseridos, a situação se mostra ainda mais desafiadora. Sem um olhar muito amoroso e lúcido, é fácil praticarmos um julgamento ingênuo, de quem não valoriza a pessoa que opta por manter de pé todas as áreas que não dizem respeito ao sustento financeiro, como a logística do lar e a criação zelosa dos filhos.

No caso de as duas partes toparem a missão, algumas movimentações podem ser feitas para amenizar o impacto da ausência do salário de um dos participantes do arranjo. A principal delas, como já vimos neste mesmo capítulo, é comumente chamada de "mesada". A mecânica é interessante, embora o termo seja bem ruim. Todos os meses, o responsável por prover o sustento financeiro da família efetua duas transferências: uma para a conta conjunta, de onde sairão os gastos comuns do casal (restaurantes, mensalidade da creche, compras para a casa etc.), e outra para a conta-corrente individual do parceiro, para que ele possa sanar as vontades e os desejos mais imediatos sem a necessidade de prestar contas. É uma maneira interessante de manter a autonomia.

Não é melhor ter uma conta conjunta só e fim de história?

Não. Utilizando uma conta só veta-se o espaço individual, que é extremamente necessário para a manutenção de uma relação sadia. Já imaginou? Precisar comentar com seu parceiro ou sua parceira cada compra minúscula que sentir vontade de fazer? Precisamos de um planejamento financeiro que seja fluido e ágil. Se o arranjo inicial já minar esses dois pontos logo de cara, vai ficar bem difícil de sustentar.

Estou em um relacionamento há nove meses, e sempre que saímos juntos meu namorado faz questão de pagar a conta. Percebo que, muitas vezes, ele fica com o orçamento apertado por conta disso, mas não adianta, ele nunca aceita dividir as despesas comigo. O que eu posso fazer?

O melhor a fazer é exigir uma conversa franca, mesmo que isso, a princípio, pareça bastante desconfortável. E é melhor se essa conversa puder acontecer em outro contexto, que não sentados no restaurante, com algumas taças de vinho colaborando para o desentendimento e com o garçom ao lado balançando uma maquininha de cartão, perguntando se é no crédito ou no débito.

Sentir-se diminuído quando o outro se propõe a dividir a conta pode ser um sinal bem latente de insegurança, de quem não sabe se relacionar sem seguir uma convenção social. É provável que o parceiro saiba que precisa de ajuda para lidar com a questão, ele só não tem ideia de como pedir. Para evitar o incômodo e se sentir no controle, prefere atropelar todas essas pequenas questões e mandar passar tudo no crédito. Faz mal pra todos: quem está pagando acaba ficando com a vida financeira ainda mais enrolada, e quem está sendo bancado segue se sentindo oprimido.

Obviamente, nada disso é regra. Existem, sim, arranjos saudáveis que não funcionam na base do "divide meio a meio". Colaborar com alguém querido ou oferecer um jantar são, por si, boas atitudes. É possível oferecer ao outro sem exercer uma dominância negativa. O problema ocorre quando esses pequenos rituais camuflam e endossam movimentos ruins, que limitam algum dos protagonistas da história.

Vou me casar no fim do ano e não sei qual o melhor acordo: separação total de bens, separação parcial ou comunhão. Qual a melhor opção? Sinto que eu tenho uma perspectiva profissional muito mais promissora do que ele, que é funcionário público.

A questão não é bem um ter a perspectiva mais promissora que o outro, a questão é se a divisão igualitária dos bens adquiridos é um problema para uma das partes. Existem arranjos saudáveis que funcionam nessas circunstâncias, sem grandes problemas. Um ganha mais que o outro, acumula mais patrimônio que o outro, e tudo bem.

Na prática, os regimes funcionam de maneira bem simples. Na separação total, os bens adquiridos antes e depois do casamento permanecem de propriedade individual de cada um. A casa que um já possuía, o carro que o outro havia comprado, a casa de praia que um dos participantes comprou depois de ter casado. Tudo se mantém em propriedade individual. Na comunhão parcial, tudo o que for adquirido depois do casamento (ou da união estável) é dos dois. Casa, moto, cotas de fundo de investimento, tudo. Já na comunhão total, a regra de divisão se aplica a tudo – aos bens adquiridos antes e depois do casamento, incluindo herança.

O melhor a fazer, caso se sinta insegura, é conversar com seu parceiro. Explicar seus motivos. Quanto mais franca a discussão, melhor. Não entre nessa de que o assunto é intocável porque "quem está casando não pensa em separar". Não precisa pensar em separar, mas precisa, sim, conversar sobre como trabalharão com o patrimônio (o atual e o futuro). É imprescindível colocar esse assunto na mesa. Existem acordos não usuais que funcionam bem. Por exemplo, é plenamente possível que o cônjuge que possui uma renda maior contribua mais para o sustento e as despesas da vida a dois, para que quem recebe menos possa se preocupar mais em compor suas próprias reservas.

13. Dívidas

O que é uma dívida e quem é o endividado

Já faz um ano e meio que minha conta bancária só fica positiva durante os quatro primeiros dias do mês. Recebo R$ 4.000 de salário no dia 1º, já com a conta nos R$ 2.000 negativos, e a maior parte dos R$ 2.000 que "sobram" dura até o dia 5, quando pago meu aluguel, meu cartão e as contas da casa. A coisa segue, e no dia 1º do mês seguinte já estou devendo cerca de R$ 2.000 para o banco de novo. A cada mês parece que chego no dia do meu salário devendo um pouquinho a mais.

Não sei o que fazer para regularizar a situação. Não é nada grave perto das histórias que escuto por aí, não acho que eu precise de um empréstimo, mas sinto que deveria ser mais responsável. A ideia de mostrar meu extrato bancário para alguém (para alugar outra casa, por exemplo) me assusta.

Essa mensagem é real. Outros relatos parecidos com esse chegam através da seção de contato do meu site (e em fóruns sobre finanças pessoais) toda semana. De fato, não é uma situação gravíssima, em que o bem-estar do protagonista está ameaçado, mas é bem importante entendermos o que está acontecendo ali. Quando nosso personagem diz "não acho que eu precise de um empréstimo", ele revela traços bastante perigosos e comuns: nossa relutância em nos assumirmos endividados e nossa completa incompreensão do conceito de dívida. Eu arriscaria dizer que a dívida está (ou esteve) presente na vida de praticamente todos nós. Se não de maneira direta, pintando nosso extrato de vermelho, de maneira indireta, na rotina de algum parente ou amigo.

"Mas eu nunca peguei um empréstimo!" Você pode nunca ter contraído um empréstimo junto ao banco (ou junto a alguma financiadora), mas é provável

que já tenha feito uma compra parcelada, utilizando o cartão de crédito, ou que já tenha entrado no cheque especial. Nesses dois casos, estamos falando de empréstimos também. Dívidas. Cada uma tem sua configuração, claro, mas não deixam de ser dívidas. O cartão de crédito, por exemplo, é um empréstimo de valor indefinido, pré-aprovado e, se quitado na data estipulada, sem juros. Já o cheque especial é um empréstimo automático, com juros absurdos, totalmente vinculado à conta-corrente. São alternativas ao empréstimo mais tradicional, aquele em que solicitamos o dinheiro e pagamos em parcelas, com juros, geralmente bastante agressivos.

Vamos ganhar intimidade com a mecânica mais tradicional através de alguns exemplos. Consideremos um casal que precisou de um empréstimo para montar o quarto do filho prestes a nascer. Não cabia no cartão de crédito, tampouco dispunham de tempo para guardar esse dinheiro. Resolveram, então, buscar ajuda no banco. Conseguiram, por conta do histórico positivo e da renda média que possuíam, R$ 7.000, a juros de 5,5% ao mês. A gerente do banco perguntou em quantas vezes eles gostariam de parcelar. Estas foram as opções:

- 12 vezes de R$ 812,20
- 24 vezes de R$ 532,25
- 36 vezes de R$ 450,56

Burocracia feita, dinheiro disponível na conta, e o casal pagará as parcelas mensalmente. No primeiro cenário (12 prestações), o total a ser pago é de R$ 9.746,40. No segundo (24 prestações), R$ 12.774,00. No terceiro (36 prestações), R$ 16.220,26. Bem puxado. Podemos enxergar a diferença de valor como o custo do dinheiro no tempo. O custo de R$ 7 mil em 12 meses é R$ 9.746,40 menos R$ 7.000, ou seja, R$ 2.746,40. Já em 24 meses, o custo sobe para R$ 5.774,00. A dívida quase dobra. Se pensarmos no custo do dinheiro em 36 meses, a coisa fica ainda mais obscena: R$ 9.220,26. Se na hora de investir os juros compostos trabalham a nosso favor, na hora de buscar dinheiro no mercado trabalham contra, e trabalham bem. Nesse ritmo, não é nada difícil entrarmos em uma bola de neve.

Entre os pertencentes às classes sociais mais baixas, onde a inadimplência é maior, o cenário é ainda mais desesperador, já que, quanto maior o risco de "calote", maior a taxa de juros. Se você abrir o Google agora e digitar "empréstimo pessoal", é bem capaz que dê de cara com alguma instituição financeira vinculada a uma marca varejista qualquer, oferecendo empréstimo pessoal a taxas próximas de 14% ao mês. Mais um exemplo bobo: os mesmos R$ 7 mil tomados pelo casal que está montando o quarto do filho, se pagos em 12 prestações, com essa taxa de juros, virariam R$ 14.840,28. Se pagos em 36 vezes, R$ 35.598,24. Não, você não leu errado. São quase R$ 36.000 mesmo.

E para que a gente não se iluda, achando que são casos pontuais e esparsos, basta que olhemos qualquer jornal ou site de notícias. Existem instituições que medem o índice de inadimplência do mercado. Em estudo realizado em dezembro de 2016 pelo SPC (entidade possuidora do maior banco de dados da América Latina relacionado a comportamento do consumidor), constatou-se que metade dos brasileiros entre 30 e 39 anos estavam negativados. São esses brasileiros negativados que terão dificuldade em conseguir crédito junto aos bancos, e que provavelmente precisarão recorrer a instituições financeiras que emprestam dinheiro, cientes do risco, em troca de taxas de juros absurdas.

Encarando uma dívida dolorida

Diante de um cenário de dívida e, consequentemente, de desconforto, é comum que a gente assuma uma postura passiva. Parece que é mais confortável ficar com a luz apagada. É compreensível. Essa situação dói e, na maioria dos casos, é bastante complexa. Raramente lidamos com uma única dívida. Na maior parte das vezes, vem tudo junto: cartão de crédito, cheque especial, parcela do financiamento do carro, parcela do empréstimo, aluguel etc. Vira tudo um amontoado só. Por isso, é fundamental respirar fundo e criar coragem para destrinchar o cenário todo, item por item. Isso é uma máxima para nossa vida financeira, mas é especialmente importante quando estamos lidando com cenários complexos: precisamos de clareza. Um jeito bom de começar é colocando as dívidas no papel.

Vamos imaginar que você está em meio ao seguinte cenário: "Não faço ideia do tamanho do buraco. Sei que estou pagando o mínimo do cartão de crédito todos os meses, fico quase R$ 1.000 no cheque especial, tenho duas parcelas do financiamento do carro em aberto e uma parcela do condomínio. Tenho uma dívida antiga de R$ 1.200 com meu pai também".

Com as informações desse modo, não há muito que fazer. Tudo parece uma grande névoa. Faltam detalhes: valor das parcelas, taxa de juros e, principalmente, montante total. Vale enfatizar esse último ponto (o montante total), porque se tem uma coisa que é importante na hora de lidar com dívidas é ânimo e motivação, e é bem difícil se manter minimamente motivado se não sabemos, de fato, o tamanho do problema. Precisa de dedo no pulso, acompanhamento constante. Quanto falta para enxergar a luz no fim do túnel?

Vendo tudo no papel, temos:

Dívida	Taxa de juros	Montante total
Cartão de crédito	13%	R$ 5.800
Cheque especial	11%	R$ 2.000
Financiamento do carro	12% (em caso de atraso)	R$ 1.900
Condomínio	3%	R$ 1.200
Pai	–	R$ 1.200
		R$ 12.100

Agora ganhamos um pouco de clareza. Vamos abrir mais detalhes do raciocínio.

» **Cartão de crédito:** É a dívida mais cara, possui a maior taxa de juros e está totalmente descontrolada, ou seja, a cada dia que passa, cresce mais, a taxas assustadoras. O valor listado é para quitação completa.

» **Cheque especial:** Outra dívida caríssima. Todos os meses, a conta-corrente do nosso personagem chega a –R$ 2.000, e por conta disso ele gasta quase R$ 300 em juros. Os R$ 2.000 considerados na tabela também são para quitação completa.

- » **Financiamento do carro:** São duas parcelas em atraso, no valor de R$ 700 cada uma. O valor devido é R$ 1.900, por conta dos juros.
- » **Condomínio:** Uma parcela em atraso, no valor de R$ 1.150. O valor devido é R$ 1.200, por conta dos juros.
- » **Pai:** Dívida contraída sem juros. Valor: R$ 1.200.

Antes de pedir um empréstimo para consolidar as dívidas, é fundamental pensar com muita calma no seu planejamento financeiro

Agora que destrinchamos a dívida e temos uma noção mais detalhada da composição dela, uma prática válida é unificá-la através de um empréstimo único, controlado, de valor fixo. Deixar tudo solto, crescendo a juros exorbitantes, só tornará tudo pior. O melhor a fazer é aceitar a posição de endividado e trabalhar para resolver a questão o mais rápido possível. No entanto, antes de pedir um empréstimo para consolidar as dívidas, é fundamental pensar com muita calma no seu planejamento financeiro. A situação não chegou a esse ponto por acaso, e quitar as dívidas atuais não fará com que novas dívidas não sejam contraídas. É fundamental uma mudança drástica de hábitos antes que qualquer dinheiro extra (empréstimo) seja colocado na mesa.

Precisaremos chegar a dois valores. Primeiro, qual o montante total necessário para que a situação mais latente seja resolvida? No nosso exemplo, precisaríamos alocar: um valor para quitar o cartão, um valor para que a conta não beire mais o cheque especial, a quitação da dívida do carro e do condomínio. Não vamos deixar de lado a dívida com seu pai, mas não a incluiremos

AQUI, VALE EXECUTAR, COM TODA A CALMA E ATENÇÃO DO MUNDO, O FLUXO EXEMPLIFICADO NA PARTE II DESTE LIVRO. DO COMEÇO AO FIM.

no montante a ser buscado, salvo num cenário em que o credor esteja precisando muitíssimo do dinheiro para agora. Esse pagamento será incluído no final do parcelamento. Efetue a soma e aplique uma margem, uma gordura. Não é hora de fazer conta justinha, afinal os imprevistos continuarão acontecendo. É importante que você esteja razoavelmente "calçado", sobretudo durante esse período em que estará mais sensível. Assim, eliminando da lista a dívida com o pai, chega-se a R$ 10.900. Aplicando 20% de margem, temos R$ 13.080. É esse o valor a ser buscado junto ao banco.

Isso posto, vamos em busca do nosso segundo valor: com os ajustes feitos, qual prestação cabe no orçamento? Lembre-se de que os gastos com cheque especial, por exemplo, não acontecerão mais. Leve isso em consideração na hora de estimar a parcela. Se você não consegue calcular esse valor, é sinal de que o exercício do planejamento não foi bem-feito. Vale a pena retomá-lo.

Para seguirmos com o raciocínio, vamos considerar que nosso personagem, feito o planejamento, verificou que conseguirá arcar com R$ 900 por mês. É hora de ir ao mercado comprar dinheiro.

A melhor coisa a fazer, nesse caso, é ir ao banco pessoalmente e negociar com o gerente a melhor taxa possível (a maioria oferece contratação através do internet banking, mas em geral é uma péssima opção!). Atualmente (estou considerando aqui o ano de 2017), uma boa taxa para empréstimo pessoal gira em torno de 3,25%. Brigue por uma boa taxa e não desista no primeiro não.

Vamos considerar que você conseguiu 3,5%. Os R$ 13.080 a 3,5% em 12 vezes resultariam em uma parcela de R$ 1.353,57. Não cabe. Em 18 vezes, daria algo próximo de R$ 1.000. Em 20 vezes, chegaríamos a R$ 920. Aceitável. Faça a continha: 20 vezes R$ 920 resulta em R$ 18.400. "Poxa, mas vou pagar R$ 18.400 para ter R$ 13.080?" Sim. É por isso que tomar cuidado com o processo de endividamento, sempre que possível, é extremamente aconselhável. Prevenir, nesse caso, é muito mais barato do que remediar.

Dependendo da dívida, do local onde você mora e do vínculo empregatício que possui, existe a possibilidade de obter um empréstimo junto a uma cooperativa de crédito. Nesse caso, as taxas de juros são significativamente menores (atualmente giram em torno de 2%). A burocracia é grande, mas vale a pena.

Enquanto a dívida existir, ela é a prioridade. Salvo os recursos básicos, de manutenção (moradia, saúde, alimentação, mínimo de lazer), toda a articulação financeira deve ser feita com o objetivo de quitá-la o mais rápido possível.

Com o empréstimo feito, feche as torneiras. Não seja orgulhoso, do tipo "não vou cancelar meu cartão de crédito, porque preciso aprender a ter autocontrole". Você pode aprender a ter autocontrole depois. A hora agora é de resolver a situação de maneira pragmática e incisiva. Quite e cancele o cartão. Quite o cheque especial e reduza seu limite a uma fração do que era, para que você não fique na mão no caso de uma extrema emergência. Recomendo reduzir a 25%. Se o limite máximo era R$ 2.000, mantenha apenas R$ 500. Em uma ida à agência você resolve essas duas questões. Mande para a poupança a margem que calculamos. Se pegamos um empréstimo de R$ 13.080 e precisamos apenas de R$ 10.900 para quitar tudo, temos R$ 2.180 de sobra. Não deixe esse dinheiro solto na conta-corrente. A conta precisa fechar sem esse valor. Escolha alguns amigos e conte a respeito de todo esse processo. Peça que eles o ajudem na manutenção do plano.

Na hora da contratação do empréstimo, garanta que exista a possibilidade de antecipar parcelas, amortizando os juros. É um recurso bastante popular. Dessa forma, caso receba um dinheiro extra (o 13º, por exemplo), você pode quitar parte da dívida. Com isso, aquela diferença dolorida entre a soma das parcelas e o valor tomado cai.

Vale a pena deixar uma dívida para lá?

É comum escutarmos por aí que vale a pena deixar a dívida "caducar". Há, no imaginário popular, uma crença de que, após cinco anos de inadimplência, a dívida desaparece, e o nome, que provavelmente estava sujo na praça, fica limpo, sem registros nas entidades que mantêm os bancos de dados das negativações. Não é bem assim. A dívida não desaparece. O que desaparece é o direito de cobrar. Em termos mais formais, existe a prescrição do direito. O credor da dívida passa a não poder acionar o devedor judicialmente. É por isso que, conforme a dívida "envelhece", surgem mais e mais ofertas (muitas vezes inconvenientes) de quitação, por valores cada vez mais baixos.

Na prática, o processo é bem dolorido. Tenha a certeza de que serão cinco anos de agonia, com ligações, no mínimo, diárias, dificuldade para conseguir efetuar qualquer compra (até mesmo a assinatura de um simples plano de celular), dificuldade para abrir conta em um banco e, possivelmente, dificuldade para conseguir um emprego, uma vez que consultar a vida do candidato é prática comum entre os recrutadores. Mesmo que a dívida caduque, ela é passível de consulta em bancos de dados particulares, e é, sim, possível que o crédito seja negado, após esse período, por uma instituição privada em específico. Basta que ela tenha acesso ao banco de dados no qual consta o nome negativado.

O melhor a fazer é negociar, de maneira firme e insistente, e executar, com calma e assertividade, o processo explicado nas páginas anteriores. Muitas vezes, facilitar o pagamento (ou até mesmo reduzir o valor) é vantagem para o credor, pois o custo de acionar o devedor judicialmente é alto.

Há cenários em que as coisas saem do controle e a dívida assume patamares mais significativos, que o devedor obviamente não conseguirá pagar. Nesses casos, é bem viável e recomendável recorrer aos serviços de uma assessoria especializada. O mesmo se aplica às situações em que o devedor não se sente capaz de conduzir o processo (seja por desconhecimento técnico, seja por questões emocionais). Existem instituições sérias que trabalham com questões desse tipo todos os dias e que podem ajudar. Um ótimo exemplo é o Andif (Instituto Nacional de Defesa dos Consumidores do Sistema Financeiro). Caso opte por outra assessoria, é importante ser bem minucioso, questionador e ter bastante clareza a respeito do trabalho que será prestado. Tem muito picareta por aí querendo se aproveitar de quem está passando por um momento complicado. As instituições ajudam tanto no processo conciliador (amigável) quanto no processo judicial que eventualmente precise ser movido nos casos em que foram cobrados juros abusivos (o que é extremamente comum). Além do auxílio nas várias esferas afetadas pela dívida, a associação pode pressionar o credor para que, mediante sinalização e encaminhamento do processo, a negativação seja retirada.

O depoimento abaixo é real e exemplifica o poder de atuação de instituições como essas:

> Tudo começou em 2009. Após ser demitido do meu emprego, fiquei zerado e só me restava passar tudo no crédito. Me enrolei todo. Minha dívida de cartão passou de R$ 4.000 para R$ 13.000 em menos de três anos. Eu não tinha dinheiro algum, e a operadora pedia o valor à vista. Se arrumar emprego já estava difícil, depois disso ficou impossível. Meu pai me deu de presente uma assessoria de uma dessas instituições que renegociam dívidas. Eu nunca tinha ouvido falar disso. Eu tinha duas alternativas: tentar um acordo amigável ou processar judicialmente a administradora, por conta dos juros exorbitantes. Tentei pelo caminho mais simples, o da conciliação, mas foi negado. Levamos o caso para a Justiça e meu nome ficou limpo na hora, por um pedido da instituição. A administradora desistiu do processo e, em 2012, depois de apenas seis meses de negociações, fechou um acordo comigo. Paguei R$ 4.500 em dez parcelas. Em 2013 já estava tudo resolvido.

Portanto, se possível, compartilhe a situação com a família ou com bons amigos, capazes de escutar e oferecer o ombro. Sozinho é muito mais difícil. Nosso sistema econômico é estruturalmente falho. É fundamental que o endividado entenda que, além das questões circunstanciais (perda de emprego, problema de saúde, período emocionalmente turbulento), existem aspectos externos que colaboram para que a inadimplência seja um problema latente no nosso país. Isso ajuda a aliviar a culpa que, definitivamente, não ajuda em nada na resolução do problema.

Veja a seguir outros cenários bastante comuns:

Me separei recentemente e ainda não reorganizei minha vida. Todo mês estou entrando um pouco no cheque especial. No primeiro mês foi pouca coisa, mas agora fico com R$ 600 negativos, todos os meses. Com os juros, é provável que mês que vem eu fique um pouco mais. Sempre acho que não vai acontecer de novo, mas sei que é ilusão. Vale a pena fazer um empréstimo para evitar que isso siga ocorrendo?

Vale, mas com ressalvas. Antes de pedir o empréstimo é fundamental que haja um planejamento financeiro mínimo, caso contrário é muito provável que em questão de meses você se enrole novamente. A troca da dívida cara pela dívida relativamente barata é um bom movimento se vier acompanhada de clareza. É um passo a passo com começo, meio e fim. Tem de vir acompanhado de um plano como: "Peço o empréstimo agora, já sabendo que vou readequar meu plano de celular, cortar R$ 200 dos meus gastos variáveis e congelar os aportes que faço mensalmente no plano de previdência. Em seis meses quito o empréstimo e reavalio tudo".

Mesmo que você perceba que vai demorar para colocar tudo nos eixos, ter as coisas no papel faz toda a diferença. Como já vimos no começo deste capítulo, quem usa o cheque especial todos os meses está tão endividado quanto quem pede um empréstimo. Dívida por dívida, melhor que seja a mais barata.

Meu irmão me pediu um empréstimo no valor de R$ 3.000 para finalizar a reforma do apartamento que comprou. Estou inseguro e não sei como proceder, pois sei que ele já está com dificuldades de arcar com todos os parcelamentos que envolvem a nova moradia.

O empréstimo para parentes e amigos próximos é uma questão dolorida, porque, se algo não correr bem, pode colocar a relação em risco. No geral, costumo dizer que só faz sentido se as duas partes (o credor e o tomador) estiverem dispostas a seguir a relação de maneira tranquila, mesmo diante de um percalço.

Em outras palavras, para o credor, vale emprestar se a possibilidade de talvez ficar sem o dinheiro não for assustadora. "Estou emprestando os R$ 3.000 porque quero ajudar, mas sei que, no fundo, é uma doação. Se voltar, ótimo. Se não voltar, tudo bem também." Para o tomador, só vale a pena se ele tiver cuidado para que os tropeços do passado não voltem a acontecer. "Peguei o empréstimo, cancelei a TV a cabo e reduzi outros pequenos custos. Se algo der errado, mesmo assim consigo honrar com a parcela. Assim que quitar a dívida, contrato novamente os serviços que cancelei."

14.
Duas práticas rápidas para repensar sua vida financeira

Precifique seus sonhos

Nas primeiras vezes em que sentei para colocar preço nas coisas que gostaria de fazer (um curso, uma viagem, um filho...), achei que seria dolorido demais porque perceberia que minhas movimentações na vida dependem de muito dinheiro. Achei que rapidamente me daria conta de que precisaria pensar em outros objetivos, outras vontades, já que essas, ruminadas há tempos, seriam caras demais. De fato, essa é uma prática que, por vezes, se mostra desconfortável, mas o motivo do desconforto é outro. Colocar preço nos nossos sonhos é desconfortável porque, no geral, percebemos que é tudo muito mais realizável do que achamos que seria. A questão financeira, que antes era uma desculpa muito válida, passa a não valer, não conseguimos mais nos esconder atrás de discursos como: "não viajo porque é muito caro", "não mudo de emprego porque não conseguiria me sustentar até achar outro", "não saio da casa dos meus pais porque não consigo bancar um aluguel sozinho", "não estudo tal coisa porque não consigo pagar o curso", "não me visto melhor porque roupa custa caro". São grandes as chances de essas justificativas todas não funcionarem mais.

> O PLANEJAMENTO BEM-FEITO É AQUELE QUE, DE ALGUMA FORMA, CONTEMPLA NOSSOS SONHOS. EXPLIQUEI COMO INCLUÍ-LOS EM NOSSA VIDA FINANCEIRA NA PÁGINA 74.

Não tenha medo de escolher projetos grandes, de visualizar grandes mudanças, mas, na hora de colocar a coisa no papel, quebre em etapas. Exemplo: trocar o guarda-roupa todo é algo trabalhoso, mas trocar cinco peças maltrapilhas por cinco peças novas ou planejar a compra de uma peça por mês já são movimentos mais planejáveis e factíveis. Além disso, não breque todo o processo por conta de burocracia. Se, para determinado plano, você não tiver todos os dados de que necessita com exatidão, trabalhe com estimativas. Se possível, convide um amigo para rabiscar os planos junto com você. É impressionante como o olhar não enviesado de alguém pode ajudar.

O passo a passo, para facilitar:

1. Escolha um sonho.
2. Desdobre em etapas pequenas e mensuráveis.
3. Precifique, etapa por etapa, sem se preocupar se caberá no bolso ou não.
4. Some.
5. Refine cada um dos valores, buscando possibilidades. Não descarte soluções que, num primeiro olhar, pareçam absurdas. Se for uma viagem, quais as hospedagens possíveis? Quais itinerários? Se for a quitação de uma dívida, quais as possibilidades de parcelamento? Com quem negociar? De onde levantar dinheiro? Se for a reforma de um apartamento, quem contratar? Qual o prazo? Qual o material?
6. Se você se sentir confortável, compartilhe seu plano com os amigos. Deixe mais gente sonhar junto com você.
7. Incentive seus amigos a fazer o mesmo. Quais recursos as outras pessoas utilizaram na hora de precificar os sonhos delas? Para quais pontos elas atentaram? Como utilizar a experiência dos outros para melhorar a sua prática?

Nossa motivação para correr atrás dos valores e dos detalhes oscila. Os primeiros passos são doloridos, como em qualquer processo. Mas, conforme notamos que a realização é viável, é comum nos sentirmos mais animados. Muitas vezes dá preguiça. Isso não quer dizer que aquele sonho ou projeto não seja importante. Aquela história de "se fosse realmente importante, eu

> **Não se preocupe em utilizar ferramentas complexas e aplicativos. Para a maiorias dos casos, papel e caneta bastam**

me sentiria automaticamente muito motivado" é balela. Quanto mais estressamos os números, mais percebemos quais pontos do sonho são realmente importantes. Percebemos que não nos dói tanto abrir mão de algumas coisas, e que outras, porém, são fundamentais.

Talvez você perceba que não tem nenhum sonho eminente. Não há problema algum nisso. Alegre-se conhecendo o sonho dos outros. É bem comum que nossas vontades e desejos surjam nesse processo. Não se preocupe em utilizar ferramentas complexas, aplicativos, planilhas, nada disso. Comece no papel mesmo, na folha sulfite. Quanto menos empecilho, melhor.

Explique sua vida financeira para alguém em um minuto

Grande parte de tudo o que vimos até aqui poderia ser resumido em duas palavras: simplicidade e clareza. Quanto mais simples e clara for nossa vida financeira, maiores as chances de conseguirmos mantê-la saudável. Dá para manter as coisas nos eixos de maneira complexa, utilizando ferramentas robustas e de difícil manutenção? Dá, mas são altíssimas as chances de, em um momento de exaustão, chutarmos o balde. Como vimos, a ideia é que os pequenos processos nos ajudem, e não que sejam fonte de desânimo, como se cuidar do dinheiro fosse mais uma obrigação em meio a tantas outras.

A prática de explicar sua vida financeira a alguém em um minuto pode ser interpretada de muitas formas. Para quem fala, é um exercício excelente para medir o conhecimento sobre a própria vida financeira e, além disso, validar se a maneira como as coisas foram estruturadas é simples o suficiente. Acredite, por mais que você entenda tudo sobre seus números, se eles forem complexos, cheios de camadas, com três contas-correntes, dois cartões de crédito, empréstimos consignados e cheques caindo de maneira inesperada, dificilmente você conseguirá explicar de maneira minimamente satisfatória em tão pouco tempo. Se ela for realmente simples, mas você não tiver se debruçado sobre os números, chegaremos ao mesmo resultado: será inviável contar para alguém como tudo funciona, pois você provavelmente não saberia por onde começar.

Ao falar sobre aquele emaranhado de coisas em voz alta, parece que nos forçamos a repensar item por item. Falamos um pouco sobre essa revisão geral de gastos no início do Capítulo 4. É uma maneira realmente interessante de ganhar domínio e evitar que o processo entre no piloto automático e vire um monte de números anotados em um papel, que não rendem nenhum insight e, no fim do dia, não servem para nada.

Para quem escuta, a oportunidade é preciosa. Tente não esboçar reações, mesmo que sutis. Entenda que aquele é, pura e simplesmente, o momento de o outro falar. O outro não está querendo conselho, dica ou solidariedade. Ele só quer ser escutado. Muitas vezes a tentação é grande. O outro fala: "Todo mês eu consigo separar uma grana!", e a gente sorri. O outro fala: "Todo mês entro R$ 500 no cheque especial", e a gente faz uma cara de pena. Evite isso. Depois que o discurso for encerrado, é mais do que válido trocar percepções, mas, durante esse um minutinho, tudo o que você precisa fazer é realmente escutar. Controle os automatismos e a vontade de interromper. Se surgir um silêncio constrangedor, deixe ele lá, não há problema algum. Se a outra pessoa gaguejar, tudo bem também.

Busque sempre novos ouvintes. Note como seu discurso muda, como a vergonha some, como você se sente mais à vontade para abrir os trechos doloridos. Perceba que, em alguns dias, você está mais solto, mais disposto a falar, e em outros parece que as coisas simplesmente não fluem. Respeite esses momentos todos. Sempre que possível, repita o exercício. Quanto mais praticamos, mais fácil fica.

15.
Como seguimos daqui?

Se você leu o livro inteiro e chegou até aqui, é provável que grande parte de sua atenção esteja direcionada, neste momento, para sua vida financeira. Você acabou de investir algumas boas horas (ou alguns dias) para ler estas quase 200 páginas. Não é pouca coisa. Talvez você esteja muito, muito motivado, querendo cortar um monte de gastos, querendo ajeitar suas contas todas de uma vez, numa tacada só. Ou talvez tenha decretado sucesso simplesmente por ter terminado a leitura e não pensa em fazer mais nada sobre isso. Os dois cenários são bem ruins. O primeiro, da motivação extrema, é ruim porque não se sustenta. Em poucas semanas você se sentirá cansado, deixará tudo de lado e ficará uns bons meses sem querer ouvir falar em educação financeira. O segundo cenário, que canta vitória antes da hora, é ruim porque ideias não implementadas não valem nada. Refletir sobre as questões mais subjetivas e sutis é ótimo, mas só traz resultado se isso se transformar em ação.

Os processos de consultoria individual que conduzo duram entre um e três meses, e uma das partes do meu trabalho de que mais gosto é estar em contato próximo com a vida de muita gente. Acabo participando de muitas decisões, de maneira direta ou indireta, e tenho o privilégio de assistir aos desdobramentos todos. Neste momento, acompanho a vida de um publicitário que comprou um terreno e quer construir uma casa por lá, junto com a esposa, terapeuta ocupacional, que trabalha 14 horas por dia e sofre muito com uma hérnia de disco. Acompanho também um professor universitário que luta para quitar as dívidas que contraiu durante a época do doutorado e para sustentar dois filhos adolescentes, que estão entrando no mercado de trabalho agora. Gente que tem um retorno financeiro agressivo por conta da atividade que desempenha, gente que tem muita dificuldade para monetizar as próprias habilidades, gente que tem reserva e gente que não tem. Gente de todo tipo.

Em todas as consultorias, defendo, sempre, a autonomia e evito criar qualquer relação de dependência com os clientes, então não faria sentido que esse acompanhamento fosse eterno. Passado esse período, pelo que consigo acompanhar, os clientes se dividem em dois grupos, que geralmente tomam caminhos distintos. O primeiro grupo segue sozinho, discretamente, na surdina, tentando manter as práticas que aprendemos juntos. No geral, esse grupo falha. Menos de um ano depois estão enfrentando dificuldades parecidas com as que os motivaram a buscar ajuda. Já sabem como proceder, o impacto e o prejuízo dessa vez certamente serão menores, mas, de todo modo, escorregam em pontos que certamente poderiam ter evitado com facilidade. O segundo grupo, por vezes menos hábil tecnicamente, compartilha o que aprendeu com muito mais gente. Este, sim, consegue manter os hábitos que construiu durante a consultoria com extrema facilidade.

É provável que você largue muita coisa que aprendeu neste livro. Talvez não utilize os quadrantes que eu ensino durante o processo de planejamento, ou talvez ache que andar com dinheiro de papel é muito desconfortável. Não tem problema. São todos mecanismos acessórios, acompanhamentos, pequenos macetes que, na minha opinião, ajudam bastante, mas que passam longe de ser o ponto principal. Se você, de alguma forma, passar a olhar mais para o papel que o dinheiro exerce em sua vida, esta publicação já terá cumprido sua função. Se você tirar os números desse lugar obscuro e sombrio que normalmente eles ocupam e colocá-los em uma conversa sincera, cada minutinho de vida investido pelas muitas pessoas envolvidas na produção deste livro terá valido a pena.

Desconfie de toda e qualquer abordagem sensacionalista. Duvide fortemente de quem sugere que você pense como um milionário, de quem diz que o acúmulo é a base para uma vida feliz e plena ou de quem parte de um lugar distante e oferece um passo a passo infalível para você "chegar lá". Você não resolverá suas questões financeiras com uma "mudança de *mindset*", nem com pensamento positivo, nem abandonando "crenças limitantes". O processo é diário e cuidadoso, técnicas milagrosas não existem, e a chave está na continuidade.

Você tem muitas possibilidades. Pode aproveitar as práticas sugeridas no capítulo anterior e encontrar dois ou três confidentes financeiros, pessoas que podem acompanhar sua vida financeira junto com você. Não precisa ser algo engessado e quadrado. Basta reservar uma hora, de tempos em tempos (de 15 em 15 dias, ou uma vez por mês, não mais do que isso), para contar a quantas andam suas finanças. O que você almeja para os próximos tempos? Como está se organizando? Quais foram os principais obstáculos dos últimos dias? É uma maneira simples e rápida de manter o assunto presente.

Se você deseja um entendimento mais profundo, porém, minha sugestão é que você comece um pequeno grupo de estudos. Pode começar com duas pessoas – acredite, assim que você contar para outras pessoas, elas vão querer participar, o dinheiro é uma questão para todos. Você pode utilizar este livro como base. Separe um tempo para se dedicar ao entendimento de um tema em específico. Por exemplo: um dia para entender como as dívidas funcionam, um dia para estudar algumas modalidades de investimento, um dia para encontrar uma forma de lidar com o cartão de crédito. Não precisa ser algo profissional, feito em um ambiente bem montado. Lembre-se também de que não é preciso que você domine totalmente o assunto. Se você não gostou da abordagem, não tem problema, é só conduzir o grupo com base em outra publicação.

Se quiser entender aspectos mais sutis e menos práticos (quase filosóficos), talvez o livro *Como se preocupar menos com dinheiro*, do John Armstrong, seja uma boa escolha. Repensar nossa atuação no mundo é muito útil, refletir acerca do modo como empregamos nosso tempo é algo incrível, mas essa jornada perde potência e brilho quando tomamos o sucesso pessoal como eixo. Esse sucesso monetário – pontual, restrito e autocentrado – é algo bem pequeno a mirar. Não à toa, pessoas extremamente bem-sucedidas financeiramente sofrem das mais diversas formas – como depressão, ansiedade, solidão – e acabam por levar uma vida miserável.

E, além disso, se lhe agrada a ideia de entender como tomamos decisões (e por que sofremos tanto diante das tentações), o livro *Decisões econômicas: você já parou para pensar?*, da professora Vera Rita de Mello Ferreira, é excelente. É uma leitura tranquila e recheada de experimentos, e acaba ficando bastante fácil traçar paralelos com nossa vida financeira prática. Muitos dos pequenos passos que descrevo na Parte II deste livro foram elaborados a partir das reflexões contidas ali.

De qualquer forma, ao manter um contato constante com o assunto, é muitíssimo provável que, com certa facilidade e de maneira bastante natural, você desenvolva um novo olhar financeiro, mais pé no chão, mais de acordo com a vida que você gostaria de levar.

Eu sigo disponível, e adoraria acompanhar o grupo ou até mesmo participar de uma roda de papo. Sinta-se à vontade para me procurar, meus contatos estão em meu site, www.amuri.com.br.

Desejo, de coração, que você possa cultivar uma relação saudável e lúcida com o dinheiro e que os projetos nos quais você se envolva gerem benefícios em todas as direções.

Seguimos.

Boas referências para leitura

Como se preocupar menos com dinheiro, de John Armstrong (Objetiva, 2012).

Decisões econômicas: você já parou para pensar?, de Vera Rita de Mello Ferreira (Évora, 2011)

Investimentos: como administrar melhor seu dinheiro, de Mauro Halfeld (Fundamento, 2001)

Investimentos inteligentes, de Gustavo Cerbasi (Sextante, 2013).

Nudge: o empurrão para a escolha certa, de Richard H. Thaler e Cass R. Sustein (Elsevier, 2008)

O livro da economia, de vários autores (Globo, 2013)

Rápido e devagar: duas formas de pensar, de Daniel Kahneman (Objetiva, 2012)